여전히 그립지만,
일어서는 중입니다

여전히 그립지만, 일어서는 중입니다

가족을 떠나보낸 뒤 기록한 상실과 회복

초 판 1쇄 2025년 12월 09일

지은이 서은경
펴낸이 류종렬

펴낸곳 미다스북스
본부장 임종익
편집장 이다경, 김가영
디자인 임인영, 윤가희
책임진행 안채원, 이예나, 김요섭, 김은진, 국소리

등록 2001년 3월 21일 제2001-000040호
주소 서울시 마포구 양화로 133 서교타워 711호
전화 02) 322-7802~3
팩스 02) 6007-1845
블로그 http://blog.naver.com/midasbooks
전자주소 midasbooks@hanmail.net
페이스북 https://www.facebook.com/midasbooks425
인스타그램 https://www.instagram.com/midasbooks

© 서은경, 미다스북스 2025, *Printed in Korea*.

ISBN 979-11-7355-611-1 03810

값 17,500원

미다스북스는 다음세대에게 필요한 지혜와 교양을 생각합니다.

가족을 떠나보낸 뒤 기록한 상실과 회복

여전히 그립지만,
일어서는 중입니다

서은경 지음

아직도 그립지만, 오늘을 살아내는 사람들에게

"돌봄은 나를 소진시켰지만,
상실은 나를 다시 일어서게 했다."

미다스북스

5장 이 이야기가
어딘가의 당신에게
닿기를

일러두기

- 이 책은 저자의 개인적인 기억과 기록을 바탕으로
  쓰였습니다.
- 일부 사건의 시간적 배열이나 의학적 설명은 실재
  사실과 다소 차이가 있을 수 있습니다.

기억이 흐려질까 봐
펜을 들었습니다

어느 날 문득, 아빠의 "밥은 먹었냐?"는 목소리가 잘 기억나지 않았습니다. 그렇게 듣기 싫었던 그놈의 "밥 먹었냐?" 소리가 이제는 눈물 나게 그립습니다. 하루에도 몇 번씩 매일 통화를 하며 서로의 안부를 확인하던 그토록 사랑했던 아빠였는데도 말이에요.

엄마와 아빠가 거의 동시에 아프기 시작했을 무렵, 부모님을 저보다 훨씬 일찍 보내드린 은희 언니가 이런 말을 해주었습니다.

"통화할 때마다 목소리 꼭 녹음해 놔. 목소리가 너무 듣고 싶을 때가 있는데 들을 수가 없어. 이젠 목소리가 기억도 나질 않아."

이제야 그 당부의 뜻을 알 것 같습니다. 저는 언니의 그 말 그대로 투병 중인 엄마 아빠와의 통화를 녹음해 두었지만, 한 번도 그 목소리를 듣지 못하고 있습니다. 녹음을 틀어 듣는 그 순간 제가 다시 무너져 버릴 것만 같아서요.

두 분에 대한 기억은 시간이 지날수록 점점 희미해지고 그게 문득 너무 두려워졌습니다. 그 소중한 시간을, 그 소중한 사람들을 잊게 되는 것이요. 그래서 펜을 들었습니다. 사랑하는 엄마 아빠의 기억을 놓치지 않고 오래 간직하기 위해서요.

엄마가 처음 암이라는 진단을 받던 날,
아빠가 점점 낯설어지고 결국 갑자기 사라져 버렸던 어느 날,
그리고 너무 늦게 알게 된 그때는 몰랐던 이별의 징조들.
그 모든 순간을 하나씩 꺼내어 기록하기로 했습니다.

이 글은 누군가에게는 너무 무거운 이야기일 수 있고, 누군가에게는 이미 지나온 길일 수도 있습니다. 하지만 아프다는 것, 떠난다는 것, 그리고 남겨진다는 것은 생각보다 훨씬 더 복잡하고 아픈 일이었습니다.

그래도 혹시 지금, 이 길을 걷고 있는 누군가에게 제가 남긴 이 기록이 작은 위로가 될 수 있다면 그것만으로도 이 글은 충분히 의미가 있다고 생각합니다.

기억이 흐려지기 전에, 그 시간을 다시 꿰매어 봅니다.

다시, 살아가기 위해서.

2025년 7월

서은경

1장

이별은 그렇게,
아주 천천히
시작되었다

아무 일도 없던 듯 흘러가던 일상 속에서 삶의 균열
은 조용히, 그러나 분명하게 시작되고 있었다.

I

그날, 삶의 균열이
스며들었다

2020년 3월 31일, 나는 조금은 들뜬 마음으로 이삿짐을 꾸렸다. 신축은 아니지만 넓은 평수의 아파트로 가게 되었다. 인테리어도 새로 한 집이었다. 스물일곱 살 이른 나이에 결혼해 두 아이를 키우며 평범하게 살아온 내게 이 집은 또 하나의 시작처럼 느껴졌다. 이 집에서 앞으로 얼마나 많은 따뜻한 일상이 펼쳐질지, 커피 한 잔의 여유쯤은 누릴 수 있을지. 아이들도 어느 정도 자랐겠다, 바쁘게 정신없이 지내던 시절을 조금은 지나왔다는 안도감도 있었다.

그런데 이상하다. '시작'이라는 단어에는 늘 '끝'이 숨어 있다. 기대가 커질수록 예기치 못한 일도 더 깊이 들어오는 법이니까.

이사 후 몇 주는 짐 정리와 집들이로 정신없이 바빴다. 집들이 손님들이 끊이지 않았다. 그러던 4월 셋째 주, 친정 식구들이 모두 모인 날. 맛있게 차려놓은 음식을 먹고 소파에 둘러앉아 이야기꽃을 피우던 중 엄마가 문득 "이상하게 목에 뭐가 만져져."라고 말했다.

처음엔 대수롭지 않게 여겼다. 내가 직접 만져보니 동그란 달걀 정도 크기의 멍울이 느껴졌다. '혹시 갑상선?'

그때까지만 해도 내 머릿속엔 그 정도 생각뿐이었다. 암이라는 단어는 아직 내 인생과 너무 멀리 있는 것처럼 느껴졌다.

엄마가 다니시던 분당차병원에서 검사를 예약했고 며칠 뒤, 결과를 들으러 간 병원에서 나는 너무도 낯선 단어를 마주했다. 내가 우려했던 갑상선은 멀쩡했지만, 목에 잡히는 멍울은 다른 장기에서 전이된 암이라서 어디서 시작되었는지 찾아야 한다고 말했다. 그때부터 엄마는 정밀 검사를 시작으로 암 환자가 되어버렸다.

2020년 5월 8일. 엄마의 나이 68세 어버이날이었다. 의사는 말했다.

"담낭암 4기로 보입니다. 이미 타 장기에서 원격 전이가 진행된 상태라, 수술은 불가능합니다. 바로 항암 치료를 시작하시죠. 남은 시간은 6개월 정도로 예상됩니다."

순간, 세상이 조용해졌다. 아무 소리가 들리지 않고, 시야가 좁아지는 경험을 했다. 드라마에서 봐 온 장면들이 내 삶에 현실로 나타난 사실이 믿기지 않았다. 병원 창밖으로 햇살이 비추고 있었지만, 내 마음은 폭우 속이었다.

엄마와 내 생애 가장 잔인한 어버이날이 되었다. 그 무거운 마음을 가지고 우리는 삼 남매가 어버이날 기념으로 예약한 강원도 철원에 있는 학마을 캠핑장과 펜션으로 가족 모두 떠났다. 이때까지만 해도 엄마 아빠가 건강할 때 함께하는 마지막 여행이 될지 아무도 알지 못했다.

엄마는 평생을 고생하고 일만 하며 살아온 사람이다. 삼 남매를 키우고, 손주까지 돌보며 단 하루 마음 편히 해외여행도 못 가본 사람이었다. 이제 좀 쉬셔야겠다고, 그래서 당신도 아파트를 계약해 두고 이사를 기다리던 중이었다. 그토록 바라던 '아파트에 살아보기'라는 소박한 소원이 그렇게 무너질 위기가 찾아왔다.

하지만 엄마는 내가 생각했던 것보다 강한 사람이었다. 정말 살고 싶어 하셨고, 실제로 항암 치료가 기적처럼 잘 맞았다. 눈에 띄게 줄어드는 종양에 주치의도 놀라워했다. 처음 진단을 받던 날 남은 시간은 6개월을 예상했지만, 항암과 방사선으로 1년 반이라는 시간을 우리는 더 함께할 수 있었다.

그러나 항암이라는 싸움은 언제나 한계가 있었다. 엄마의 몸은 점점 쇠약해졌고 독성 항암제의 부작용으로 입원과 퇴원이 반복되었다. 엄마는 온갖 부작용을 견뎌내면서도 늘 말했다.

"괜찮아. 조금만 쉬면 다시 할 수 있을 거야."

그렇게 항암을 잠시 쉬기로 한 사이, 폐 전이가 다시 발견되었다. 항암제에 내성이 생겨 더 이상 쓸 수 있는 항암제가 없다고 했다. 우리는 분당차병원을 떠나 군포의 지샘병원으로 옮겼다.

종합병원에서 더 작은 병원인 지샘병원으로 갔을 때, 의사는 조심스럽게 말했다.

"이번 항암에도 내성이 생기면 몇 개월 내로 마음의 준비를 하셔야 합니다."

엄마에게 화장실에 다녀온다고 말하고 병원 복도를 걷다 멈춰 섰다. 엄마가 보지 못하도록 복도 한켠에 서서 울었다. 눈물이 멈추지 않았지만, 이때까지만 해도 이번에도 엄마가 잘 이겨낼 것 같은 희망이 있었다. 아픈 가족을 두고 내가 할 수 있는 게 아무것도 없다는 걸 처음으로 절감한 날이었다.

엄마는 그렇게 병원과 집을 오가며 살아갔다. 그 긴 여정 속에서도, 엄마는 매 순간을 견디고 버텨냈다. 사람이 얼마나 강인해질 수 있는지, 사랑하는 사람의 생이 얼마나 소중한지 엄마를 통해 나는 매일 배웠다.

무너질 듯 버티는 당신에게
균열의 순간에

그날 이후 모든 게 달라졌습니다.
그럼에도 이렇게 숨 쉬고, 오늘을 버티고 있다면 당신은 이미
충분히 잘하고 있는 거예요.

두 분에게 찾아온 병,
두 겹의 무게

엄마의 암 진단 이후, 1년이라는 시간을 나는 거의 숨도 쉬지 못한 채 살아냈다. 병원과 엄마의 집, 검사실과 진료실, 차로 75km가 넘는 거리의 우리 집을 오가는 생활이 일상이 되었고, 항암과 방사선을 견뎌내는 엄마를 지키는 일이 내 하루의 전부였다.

그런데 2021년 2월 무렵부터 이상하게 아빠의 몸이 급격하게 무너져 내리기 시작했다. 처음엔 단순한 피로 누적이라고 생각했다. 그럴 수밖에 없었던 게 엄마의 병간호를 나와 함께 해내던 아빠였고, 행정복지센터에서 운영하는 공공근로도 하고 계셨으니까, 체력적으로 버거울 수밖에. 74세의 적지 않은 나이에 '당연히 힘드시겠지.' 생각했다. 하지만 그

것은 피로의 차원을 넘는 변화였다.

   몇 달 사이, 아빠의 몸무게가 30kg 이상 줄었고 고열은 연일 40도를 넘겼다. 엄마가 병원에 안 가는 날을 골라 아픈 아빠를 모시고 병원이라면 이름 있는 곳은 모조리 다 찾아다녔다. 수없이 많은 검사를 해봤지만, 살이 빠지고 열이 나는 원인은 도무지 알 수 없었다. 기운이 없던 아빠는 어떤 날은 온종일, 밤낮없이 잠만 주무셨다. 그러다 잠에서 깨어나면 알 수 없는 말을 중얼거리기 시작했고, 시간 개념과 날짜 개념을 눈에 띄게 헷갈리시는 게 느껴졌다. 40년, 50년 전의 이야기를 마치 어제 일처럼 이야기하셨다. 결국 병원에서는 전신 쇠약으로 인한 섬망 증상, 초기 치매 진단을 내렸다. 의연하게 받아들이시는 듯했지만 '아빠도 갑작스러운 엄마의 암 진단이 버거우셨던 걸까?' 혼자 생각했다.

   정말 믿을 수가 없었다. 아빠는 누구보다 강인하고 '남에게 폐 끼치는 일'은 절대 하지 않으려던 분이었다. 항암 치료 중인 엄마를 나와 함께 돌보며 누구보다 든든한 기둥이 되어주던 사람이었는데 이제는 스스로 약 하나 챙겨 먹지 못하고,

여전히 그립지만, 일어서는 중입니다

병원조차 혼자 가지 못하는 사람이 되어 있었다.

더 힘들었던 건, 그런데도 나를 제외한 누군가의 도움을 거부한다는 점이었다. 요양보호사의 도움을 받자고 하면 "그럴 거면 그냥 나 집 나가버리련다."라고 하셨고, 병원에 가자고 하면 "이제 다 끝났다. 병원도 안 가련다. 그냥 빨리 죽고 싶다."라고 하셨다.

가족 모두가 지쳐갔다. 엄마를 돌보며 겨우겨우 하루하루 버티고 있었는데 아빠까지 무너지니 우리가 모두 무너지는 느낌이었다. 아빠는 몸 이곳저곳이 아프다고 하시지만 병원에서는 "이상 없다."라는 말만 되풀이했다.

변비, 어지럼증, 피부 가려움, 수면 장애, 눈, 코, 입안의 통증과 염증, 허벅지와 다리 통증 등 그야말로 아빠는 눈만 뜨면 머리끝부터 발끝까지 알 수 없는 고통과 통증들을 얘기했고 그걸 지켜보는 나 역시 매일이 고통이었다. 아빠의 삶의 질은 급격히 떨어져 그 어떤 말로도 아빠를 위로할 수 없는 하루하루가 이어졌다. 분당서울대병원, 성남시의료원, 중앙보훈병원까지 정말 할 수 있는 검사는 다 해봤다. 신경외과, 이비인후과, 류마티스내과, 감염내과, 안과, 피부과, 항문외과, 신경과, 소화기내과. '아프다'는 말이 나올 때마다, 아빠를 모시고 그 진료과를 다 찾아다녔다.

결국 중앙보훈병원 류마티스내과에서 '다발성 류마티스'라는 희귀 질환 진단이 내려졌고, 성남시의료원 신경외과에서는 초기 치매약을 처방해 주었다. 병원에서도 이상하다고 했다. 치매는 이렇게 급격하게 오지 않고 서서히 진행되는데 아빠의 경우는 드물다고 했다.

하지만, 그 모든 진단이 주는 안도감은 너무도 작았다. 가려움은 계속되고 잠은 오지 않고 아프다는 말은 멈추지 않았다. 병원에서 타오는 약은 쌓이기만 하고 우리는 매번 "효과가 없어요."라는 말을 남기고 돌아서야 했다.

가끔은 엄마가 암 환자라는 사실도 잊어버리신 듯했다. 엄마를 살뜰하게 챙기던 아빠가 아픈 엄마를 힘들게 하셨다. 아빠의 계속되는 의심과 망상, 신경질이 우리 가족을 더욱 병들고 힘들게 했다.

아픈 가족을 돌본다는 것은 생각보다 훨씬 더 어렵고 한없이 무기력해지는 일이었다. 가까운 사람의 고통을 매일 바라보는 일. 그것은 나를 천천히 병들게 했다. 몸도 마음도 지쳐가면서 나는 어느 날 문득, '이러다 나도 아플 것 같아.'라는 말을 삼키고 있었다.

무너질 듯 버티는 당신에게
균열의 순간에

사랑하는 두 사람의 아픔을 동시에 견디는 일, 저에게도 그건 쉬운 일이 아니었습니다.
울 시간조차 없이 버티는 당신.
이미 그 자체로 강하고, 충분히 사랑하고 있습니다.

3

익숙하던 아빠가
낯설어졌다

　일주일 중 엄마를 병원에 모시고 가지 않는 날을 골라 아빠의 병원 일정을 소화했다.

　분당서울대병원에서 검사받던 날이었다. 긴 대기 시간 끝에 겨우 진료를 마치고, 아빠가 화장실에 다녀오겠다며 조용히 자리에서 일어섰다. 금세 돌아오시겠거니 생각했지만, 몇 분이 지나도 아빠는 돌아오지 않았다. 처음엔 그저 좀 오래 걸리시나 보다 했다.

　그러다 이상한 예감이 들었다. 병원 복도 이곳저곳을 살폈지만, 아빠는 보이지 않았고 결국 직원들의 도움을 받아 남자 화장실을 일일이 확인했지만, 아빠는 어디에도 없었다.

　　　　　　여전히 그립지만, 일어서는 중입니다

가슴이 철렁 내려앉았다. '설마.' 온갖 상상이 머릿속을 휘저었다. 30분 가까이 병원 전체를 헤맨 끝에 한쪽 복도 끝, 벽에 등을 기댄 채 멍하니 앉아 있는 아빠를 발견했다. 아빠도 놀랐는지 얼굴이 하얗게 질려 있었다. 내가 다가가자, 아빠는 마치 길을 잃은 아이처럼 두 손으로 얼굴을 가리며 울기 시작했다.

"한 번씩 머릿속이 하얘져. 그럴 땐 어떻게 해야 할지 모르겠어." 그 말을 듣는데 눈물이 왈칵 쏟아졌다. 나는 조용히 아빠를 안아드렸다.

"괜찮아요. 아빠. 놀라지 마시고, 그런 순간엔 그냥 거기 앉아 계시면 돼요. 제가 꼭 찾으러 올 거예요."

어릴 때 그토록 강하고 엄했던 아빠, 누구보다 강인하고 큰 존재였던 아빠가 그날은 너무도 작고 여리게 느껴졌다.

엄마와 아빠를 병원에 모시고 가지 않아도 되는 날에는 전화가 끊이지 않았다. 아침, 점심, 저녁을 가리지 않고 수시로 울리는 전화벨이 내 삶을 짓눌렀다.

"TV가 안 켜진다."

"에어컨이 고장이 났어."

"밥솥이 말을 안 들어."

"세탁기가 멈췄다."

처음엔 정말 다 고장 난 줄 알았다. 하지만 알고 보니 아빠가 그 모든 것들의 사용법을 잊어버리신 것이었다. 하루에도 몇 번씩 잊고, 낯설고, 불안해하시며 전화를 거셨다. 정말 믿기지 않았다. 한때는 우리 집안의 모든 기계 고장도 척척 고쳐주던 아빠였는데 어떻게 이렇게 달라질 수 있는 걸까. 사람이 이렇게 무너질 수 있다는 걸 나는 그제야 실감했다.

어떤 땐 아빠의 갑작스러운 변화에 화도 났고, 또 어떤 땐 눈물이 났다. 모든 것을 나에게 알려오고 묻는 엄마 아빠가 점점 버겁게 느껴졌다. 그런데도 힘들다는 내색은 참아야 했다.

내가 감정을 그대로 드러내면 아빠의 자존심 강한 성격에 곁에 있는 아픈 엄마를 힘들게 하실 게 분명했기 때문이다. 나는 아빠를 어린아이 대하듯 어르고 달랬다.

가족 중 누구도 하지 못하는 역할을 나만이 할 수 있었다. 아빠도 그것을 알고 있었던 걸까. 하루에도 몇 번씩 전화를

여전히 그립지만, 일어서는 중입니다

걸어왔고 나 역시 1시간에 한 번씩 전화를 걸어 안부를 묻곤
했다.

하지만 통화만으로는 부족했다. 병원에서 한번 길을 잃은
아빠를 겪은 나는 '아빠에게 또 혹시 무슨 일이 생기면 어쩌
나.' 불안한 마음이 떨쳐지지 않았다.

그래서 결국 나는 부모님의 거실에 반려동물용 펫캠을 설
치했다. 엄마 아빠를 살피기 위해서였다. 병원에 가지 않는
날엔 일하며 틈틈이 핸드폰을 열어, 화면 속 엄마 아빠의 움
직임을 확인했다. 내가 아니면 안 되는 일들. 누구도 대신해
줄 수 없는 마음의 무게가 그 작은 화면 너머에 늘 있었다.

무너질 듯 버티는 당신에게
균열의 순간에

익숙한 얼굴이 낯설게 느껴질 때, 마음이 먼저 아파옵니다.
그가 변한 게 아니라, 시간이 우리를 바꿔놓았을 뿐이에요.
그래도 괜찮습니다. 사랑은 여전히 당신 안에서 살아 있거든요.

여전히 그립지만, 일어서는 중입니다

‖

간병이라는
새로운 일상 속에서

엄마 아빠가 아픈 와중에도 마침내 부모님의 아파트 인테리어가 끝났다. 우여곡절 끝에 두 분은 50여 년을 넘게 살아온 동네를 떠나 새로운 아파트로 이사하셨다. 엄마의 오랜 소원, '아파트에서 살아보기'라는 꿈이 드디어 이루어진 순간이었다.

하지만 아이러니하게도, 그때 이미 엄마는 중증 암 환자가 되어 있었고 아빠는 치매 진단을 받으신 상태였다. 새집, 새 공간에서 두 분이 얼마나 살 수 있을지 걱정하던 나와 달리 낯선 집, 낯선 공간에서 두 분은 그곳에서 무슨 생각을 하셨을까? 새 아파트에서 행복보다 좌절과 고통을 먼저 느꼈을 두 분을 생각하면 마음이 먹먹했다.

부모님의 집은 경기도 광주, 그리고 우리 집은 경기도 고양시 일산. 차로 75km가 넘는 거리였다. 왕복하면 150km가 훌쩍 넘는 그 길을 나는 일주일에 두세 번씩 쉼 없이 오갔다.

출퇴근 시간으로 차가 막히는 시간을 피한 새벽 5시. 아직 어둠이 가시지 않은 시간, 나는 우리 집을 나섰다. 광주에 도착해 엄마와 아빠를 차에 태우고 병원으로 향했다. 검사를 받게 하고, 항암 치료를 받게 하고, 약을 처방받고, 다시 부모님의 집으로 모셔다드렸다. 기운 없는 두 분이 겨우 안정을 찾으면, 냉장고를 열고 다음 병원 가는 날까지 두 분이 드실 밥과 반찬을 만들어 냉장고에 정리해 뒀다. 엄마 아빠가 필요한 용품들을 챙기고, 장을 보고, 내가 다음번에 오는 날까지 드실 약을 아침, 점심, 저녁 약을 구분해 정리해 두었다. 그리고 나서야 나는 다시 우리 집으로 돌아올 수 있었다.

하루는 엄마, 또 하루는 아빠. 엄마는 계속되는 항암과 방사선 치료로 전신이 쇠약해져 있었고, 아빠는 자꾸만 기억과 정신이 흐려져 갔다.

엄마는 당신 몸도 성치 않은데 내가 오는 날까지 아빠를 돌보며 힘들어하셨다. 아빠가 드실 약을 그렇게 꼼꼼하게 챙겨 놓고 왔어도, 아빠는 약 드신 걸 잊어버리시고 어떨 때는 약을 두 번 세 번씩 드실 때도 있었고, 어떨 때는 아예 건너뛰는 일도 있었다. 결국엔 치매 예방센터에서 받아두었던 치매 용품 중에 약 캘린더를 이용해 보았지만, 소용없었다. 엄마가 약을 챙겨드리면 아빠는 왜인지 엄마의 손길을 거부하셨고, 내가 가서 드리는 약만 드시려고 했다. 아빠는 내 앞에선 온순해지고, 엄마랑 둘만 계시면 엄마를 힘들게 하셨다.

엄마 아빠에게 다녀오는 날, 아이들이 기다리고 있을 우리 집에 도착해도 정작 내 아이들을 제대로 돌볼 체력은 내게 남아 있지 않았다. 대부분 남편이 퇴근 후 아이들을 챙겼고, 아이들은 스스로 시간을 보냈다.

삼 남매 중 오빠는 회사원이었고, 동생은 미용실을 운영했다. 영업직이라 비교적 시간이 자유로운 나는 자연스럽게 부모님의 주 보호자가 되었다. '결국 나밖에 없다.'라는 생각이 마음 한구석을 무겁게 눌러왔다.

그러면서 내가 하던 일은 조금씩 멀어져 갔다. 아이들은 한창 돈이 많이 들어가는 중 · 고등학생이었고, 그 시기에 일하지 못한다는 현실이 나를 더 조여왔다. 답답함과 무력감은 온몸을 감싼 채 점점 깊은 스트레스로 번져갔다.

지친 몸을 이끌고 집에 돌아온 밤, 입맛은 없고 잠은 자야겠고, 결국 밤마다 집에서 혼자 술을 따르게 되었다. 매일 밤, 맥주 한 캔에 집에 굴러다니는 간식 몇 개를 안주 삼아 저녁을 대신했다. 그렇게서야 겨우 잠들곤 했다. 그렇게 몸도 마음도 조금씩 피폐해져 가는 날들이 이어지고 있었다.

남편에게도, 아이들에게도 미안했다. 하지만 그 미안함을 꺼내어 말할 힘조차 없었다. 그저 모른 척 하루하루를 흘려보내는 수밖에 없었다.

무너질 듯 버티는 당신에게
균열의 순간에

울컥하는 마음을 꾹 눌러가며 하루를 버티는 당신.
그 평범해 보이는 하루들이 사실은 기적의 기록입니다.
당신의 하루는 누군가에게 용기가 되어주고 있습니다.

가족을 감싼
아픔의 그림자

엄마가 2020년 5월 8일에 암 진단을 받고, 겨우 두 달 후인 2020년 7월, 이번에는 결혼한 지 얼마 안 된 새언니가 갑상선암 수술을 받게 되었다. 오빠와 새언니는 늦은 결혼을 했고, 늦어진 출산과 육아로 정신이 없던 착하디착한 새언니가 엄마에 이어 암이라는 사실이 도무지 믿기지 않았고, 이게 무슨 일인가 싶었다.

몸도 마음도 바닥을 향해 가고 있을 즈음, 아빠의 몸에 변화가 찾아올 무렵, 2021년 1월, 이번에는 남편이 1년에 한 번 회사에서 진행한 건강검진에서 갑상선 이상 소견이 나왔다.

엄마처럼 여러 가지 검사를 통해서 같은 해 3월, 그는 '갑상선 전절제 수술'과 림프절 전이가 확인되어 '림프절 곽정술'

을 받았고, 그해 여름에는 '동위원소 방사선 치료'까지 이어졌다.

이미 친정 부모님의 간병으로 지칠 대로 지쳐 있던 내게, 남편의 암 진단과 수술은 또 하나의 커다란 쓰나미였다. 그런데도 남편은 단 한 번도 불편한 내색을 하지 않았다. 자신도 환자가 되었음에도, 내가 일주일에 서너 번씩 친정에 다녀오는 걸 당연한 듯 받아들이고 묵묵히 회사와 집을 오가며 아이들을 지켜주는 사람이었다. 그 모습이 고맙고 미안해서, 오히려 숨이 막힐 듯했다.

그즈음, 나는 몸도 마음도 모두 무너진 상태였다. 매일 밤 혼자 캔맥주를 마시며 겨우 하루를 정리하던 생활이 이어지고 있었다. 처음엔 맥주 한 캔으로 시작했는데 시간이 흐르며 두 캔, 세 캔을 마셔야 겨우 알코올 기운에 잠들 수 있었다.

그렇게 힘든 시간을 이어가던 중 같은 해 2021년 12월, 이번에는 내게 '유방 상피내암'이라는 진단이 내려졌다. 병변이 모래알처럼 퍼져 있어서 오른쪽 유방 전절제 외에는 방법이 없다고 했다. 이사한 새집에서 행복을 꿈꿨던 내 마음과 달리 쉼 없이 몰아치는 이 모든 일들이 믿어지지 않았다.

2022년 2월 유방암 수술을 앞두고 조심하던 중, 큰아이와 작은아이가 코로나에 확진되었고 아이들과 생활을 분리하려 에어비앤비를 구해 혼자 지내기까지 했지만, 결국엔 남편과 나까지도 감염되었다. 코로나 확진으로 수술은 한차례 미뤄졌고, 다시 잡은 수술 날짜에는 수술팀 의료진이 코로나 확진으로 또 한차례 수술이 미뤄졌다. 계속 반복되는 수술 연기, 나는 끝이 없는 어긋남 속에서 더는 기대할 것이 없는 사람처럼 무너졌다.

그렇게 몇 번의 수술이 미루어진 끝에 2022년 3월, '유방암 전절제 수술'과 '조직 확장기 삽입 수술'이 함께 이루어졌다.

나보다 더 아픈 엄마 아빠에게 내가 아프다고, 수술받아야 한다고, 당분간 오지 못할 거라고 말하고 싶은 게 목구멍까지 올라왔지만 얘기할 수 없었다. 내가 아픈 걸 알게 된 순간 부모님이 느낄 죄책감과 슬픔을 안 그래도 힘든 두 분께 더

엎혀 드리고 싶지 않았다.

수술받는 날, 수술대 위에 누워서 대기하는데 하염없이 눈물이 흘렀다. 아파서 수술받는 것도 서러운데 엄마 아빠 모르게 수술받는 내가 너무 가여웠다.

상피내암이라 했던 암은 조직 검사 후 미세 침윤이 확인되어 '유방암 1기'라는 최종 진단이 내려졌다. 그런데 그게 끝이 아니었다. 수술 후 단 한 달 만인 4월, 수술 부위에 감염이 생겨 오른쪽 유방 전절제 후 넣어두었던 조직 확장기를 제거하는 재수술까지 받게 되었다.

누구에게도 말하지 않았지만, '엄마 아빠 모시고 그냥 죽어버리면 안 되나.' 싶은 나쁜 생각이 들 정도로 나는 점점 지쳐갔다. 입원한 병원에서도, 수술 후 병실에서도 내 머릿속에는 계속 아픈 엄마와 아빠 생각뿐이었다.

'혹시 이 사이에 엄마 아빠에게 무슨 일이라도 생기면 어쩌지?'

'이 몸으론 아무것도 할 수 없는데 앞으로 어떻게 하지?'

무력감과 내 몸을 돌보지 못했다는 자책, 앞으로의 걱정과 두려움이 파도처럼 밀려왔다.

'2년도 되지 않는 짧은 시간 동안 한꺼번에 이렇게 많은 시련이 몰아칠 수 있구나.'
'나는 뭘 그렇게 잘못했을까.'
'내가 무슨 죄를 지었을까.'
'정말 이사를 잘 못 한 걸까.'

끝도 없는 자책이 이어졌다. 내 삶이 너무 가여워서 매일 눈물이 쏟아졌다. 캄캄한 터널, 아무리 걸어도 끝이 보이지 않는 그 어둠 속에서 나는 홀로 갇힌 사람처럼 숨 쉬는 법조차 잊고 살아가고 있었다.

무너질 듯 버티는 당신에게
균열의 순간에

슬픔은 약속이라도 한 듯이 동시에 찾아옵니다.

아픔은 한 사람의 몫이 아니었습니다.

가족의 마음에 스며드는 슬픔 속에서도 우리는 여전히 서로를 안아주고 있습니다.

그 사랑이 당신을 끝까지 버티게 해줄 거예요.

블로그와 배움이
내민 손길

수술 후, 깊은 무기력감이 몰려왔다.

몸보다 마음이 더 지쳐 있었던 그 시기, 30년을 넘게 함께한 친구 지민이가 책 두 권을 병실로 보내주었다.

"쉬는 동안, 이 책 읽어봐. 그리고 블로그 한번 해보는 거 어때?"

몇 년째 이어지는 내 답답하고 혼란스러운 상황을 누구보다 잘 아는 친구였다. 지민이는 항상 그랬다. 내가 힘들어 보이면 늘 말 대신 책을 건네는 친구였다. 그리고 그 책 속엔 늘 내가 고민하던 질문에 대한 작은 답이 들어 있었다.

친구 덕분에 나는 블로그를 시작했다. 엄마 아빠 이야기,

그동안 부모님 간병으로 마음 아팠던 날들, 유방암 진단부터 수술까지의 과정들, 그리고 유방암 환자라면 누구나 궁금해할 정보들까지. 한 줄 한 줄 써 내려가다 보니 어느새 나와 비슷한 길을 걷는 유방암 환우들이 모여들었다. 서로의 글에 공감하고 댓글을 주고받으며, 어느 날 문득 깨달았다.

'아, 나, 다시 살아가고 있구나.'

수술 후 회복하는 몇 개월 동안 엄마 아빠를 돌보는 일은 동생이 맡아 주었다. 동생은 기꺼이 미용실 문을 닫고 내가 하던 것처럼 엄마 아빠의 병원 진료를 챙기며 하루하루를 보냈다. 그 사이 오빠와 새언니는 주말마다 부모님 댁에 찾아가 필요한 일들을 도와주었다. 삼 남매는 각자의 방식대로 엄마 아빠를 돌보며, 어느새 하나로 묶여 있었다.

다행히도 엄마 아빠는 내가 수술받고 회복하던 몇 개월 동안 갑작스럽게 찾아가지 못하고 전화로만 안부를 전하는 나의 부재를 크게 느끼지 못하신 것 같다. 엄마는 겉으로는 내색하지 않았지만, 아마도 무슨 일이 있다는 걸 직감적으로 알고 계셨을 것이다. 그러나 1년 넘게 이어진 항암과 방사선 치료로 몸이 너무나 쇠약해져 그 마음을 드러낼 여력이 없으셨던 것 같다. 아빠는 기억이 흐려지고 정신이 온전하지 않았던 시기라 내가 찾아가지 않고 전화만 드리는 것을 이상하게 여기실 겨를이 없으셨다.

사실 우리 셋은 어릴 때 그렇게 친하지 않았다. 삼 남매가 각자 성격이 너무 달랐고 다투기도 자주 했다. 하지만 부모님 두 분이 동시에 아프시고 나서야 우리는 서로를 깊이 이해하게 되었다. 가족이 함께 있다는 것, 형제가 있다는 것이 얼마나 큰 위안이 되는지를 처음으로 느꼈다.

블로그 덕분일까, 아니면 엄마 아빠를 모시고 병원으로 오가던 시간이 줄어들어 마음에 여유가 생긴 걸까. 어느 날 문득, 이런 생각이 들었다.

'이제 회복하고 나면 아픈 엄마 아빠를 좀 더 잘 돌보고 싶다.'

그 마음에 이끌려 회복하며 쉬는 동안 아빠를 생각하며 요양보호사 자격증에 도전했고, 이어서 사회복지사 자격증까지 취득했다.

자격증 공부를 하며 나에게 새로운 세계가 열리는 느낌이 들었다.

아픈 엄마 아빠를 생각하며, 노인 복지와 발달장애인 복지, 돌봄이 필요한 사람들에 대한 관심이 점점 커져갔다.

이른 결혼과 출산·육아로 한참을 잊고 지냈지만, 나는 결혼 전인 20대 때 결혼하기 직전까지 '성남 따뜻한 세상 만들기'라는 다음 카페에서 보육원과 양로원 그리고 장애인 시설에서 자원봉사를 꾸준히 했었던 게 자연스럽게 떠올랐다.

그리고 아주 자연스럽게, 이런 꿈을 품게 되었다. '언젠가 정말 어려운 사람들을 돕는 일을 해보고 싶다.' 수술 후 나는 단지 몸만 회복한 것이 아니었다. 내 안의 '삶'도 다시 회복되고 있음이 느껴졌다.

무너질 듯 버티는 당신에게
균열의 순간에

쓰는 일은 내 마음을 다독이는 일입니다.
당신이 써 내려간 한 문장이 누군가의 하루를 살리고 있어요.
그건 단순한 글이 아니라, 위로가 필요한 사람에게 손을 내미
는 사랑이에요.

여전히 그립지만, 일어서는 중입니다

1

아픈 위로를 견디며
알게 된 것들

지난 2년 동안, 너무 많은 일들이 쉼 없이 내게 일어났다. 삶이 흔들리고 마음이 무너져 내리는 와중에도 다행히 곁에 있는 사람들 덕분에 힘을 내기도 했고, 그들이 건네는 위로가 상처가 되기도 했다. 그들의 위로가 어떤 날은 내게 커다란 힘이 되었고, 또 어떤 날은 차라리 듣지 않았더라면 좋았을 말들이 되어 내 마음을 할퀴고 지나갔다. 그냥 하는 말인 걸 알면서도 아팠고 가끔은 너무 진심이라서 더 눈물이 났다.

그 시간을 지나면서 나는 조금씩 배워갔다. 지쳐 있는 사람은 아무 뜻 없는 말 한마디에도 마음을 다칠 수 있다는 것을. 섣부른 조언이나 가벼운 위로가 때로는 칼날처럼 아프게 느껴질 수 있다는 것을.

엄마와 아빠가 동시에 아프다는 소식을 듣고 친가와 외가 어른들께 많은 연락을 받았다. 처음엔 내 부모님을 걱정해 주는 그 마음이 고마워 나는 최대한 예의 바르게 성의 있게 통화에 응했다. 하지만 통화가 끝나갈 즈음마다 들려오는 말들이 점점 내 가슴을 무겁게 짓눌렀다.

"그나저나 네가 고생이 많다."

"어쩌니, 네가 힘들겠다."

"너까지 쓰러지면 큰일이야. 네가 몸이 약해서 걱정이구나."

그 말들이 어쩐지 이렇게 들렸다.

'너 아니면 누가 하겠니, 계속 고생해. 힘들어도 참아야지.'

물론, 그분들은 별 뜻 없이 그저 위로하려고 하신 말씀이 었을 것이다. 하지만 그 말들 속에 내 고통이 너무 당연하게 여겨지는 것 같아서 나는 한없이 작아지고 외로워졌다.

힘든 시간을 보내는 나에게 가장 위로가 되었던 말들은 내 마음에 조용히 내려앉았다. 말이 아니라 이해받는 느낌, 내 편이 되어주는 느낌이었다.

"지금 겪는 이 일들은 네 잘못이 아니야."

"누구나 겪을 수 있는 일이야. 단지 너는 조금 빠르게, 동시에 겪고 있는 것뿐이야."

"이건 네 몸이 너도 좀 쉬라고 보내는 몸의 신호야. 이제는 너 자신을 좀 돌봐야 할 때야."

"힘든 일이 이렇게 한꺼번에 왔으니, 좋은 일도 반드시 몰려올 거야."

나에게 힘이 되어주는 말이 있는 반면에, 상처가 되어 비수로 꽂히는 말들도 있었다.

"언니가 믿는 하나님은 도대체 있기는 한 거야?"

"난 하나님 같은 거 절대 안 믿을 거야."

"이쯤 되면 점이라도 보러 가보자."

"진짜 이사를 잘못했나?"

신앙은 내게 마지막까지 붙들고 있던 유일한 버팀목이었다. 감히 원망조차 입에 담지 못한 내가 그 말들을 들은 순간 모든 게 무너져 버렸다.

'정말 하나님조차 나를 버린 걸까?' 그런 생각이 들기 시작했다. 기도도, 예배도, 찬양도, 봉사도 아무것도 하고 싶지 않았다. 그동안 내가 굳건하게 믿어왔던 것들이 한순간에 흔들렸고, 나는 아직도 그 믿음을 되돌리지 못하고 있다.

하지만, 그런 말을 건넨 사람들 역시 결국은 날 사랑하는 사람들이라는 걸 안다. 그들은 단지 너무 속상해서, 나를 아끼고 걱정하는 마음에 그런 말을 한 걸 테니까. 지금은 비록 혼자 어두운 터널을 걷고 있는 기분이지만 이 시간이 다 지나고 나면 나도 누군가에게 그렇게 말해줄 수 있는 사람이 되고 싶어졌다.

"괜찮아. 다 지나갈 거야. 이 모든 일은 너의 잘못이 아니야. 힘들면 언제든 얘기해."

그저 곁에 있어 주고, 들어주고, 울어주고, 도움이 필요할 땐 두 손 내밀어 주는 사람. 그렇게 나도 누군가의 위로가 되는 사람이 되어야지. 그게 지금 내 마음을 견디게 하는 유일한 다짐이었다.

무너질 듯 버티는 당신에게
균열의 순간에

상처 속에서도 우리는 배우고 자라납니다.
고통이 남긴 흔적은 언젠가 새로운 문이 될 거예요.
당신의 눈물이, 언젠가 누군가를 어루만질 힘이 되기를 바랍
니다.

돌봄의 시간을
지나며

간병을 하다 보면 늘 궁금한 점들이 생기지만, 대형 병원 특성상 몇 시간을 기다린 뒤, 교수님을 만날 수 있는 시간은 고작 몇 분뿐이었다. 그래서 미리 질문을 메모해 두었다가 외래 진료 때 꼭 확인하는 것이 큰 도움이 된다.

진료실에서 꼭 물어봐야 하는 질문들

- 이번 검사 결과에서 가장 중요한 포인트는?
- 예상되는 부작용과 대처법은?
- 항암, 치료를 중단해야 하는 기준은?
- 환자가 힘들어할 때 완화할 방법은?
- 보호자가 알면 좋은 생활 관리 팁은?

여전히 그림지만, 일어서는 중입니다

2장

희망과
절망 사이,
엄마와 나의 시간

기적 같은 회복과 끝없는 재발이 교차하던 시간, 나
는 엄마의 손을 잡고 희망과 절망 사이를 끝없이 오
갔다.

1

끝나지 않는
싸움

엄마는 참 운이 없었다. 2019년, 부모님 두 분이 아프기 전, 우리 삼 남매는 매달 모으던 경비 통장에서 돈을 꺼내어 부모님의 종합건강검진을 예약해 드렸다. 비싼 돈을 들인 만큼 마음도 뿌듯했다. 그런데 결과지에는 '담낭 용종' 소견이 있었다.

우리는 엄마가 다니던 분당차병원 소화기내과를 예약했고, K 교수님께 결과지를 보여드렸다. 교수님은 괜찮으니 3개월마다 초음파로 추적 관찰만 하자고 하셨다. 그렇게 1년여 동안 단지 초음파만 찍으며 지냈다.

그러던 2020년 5월 8일, 청천벽력 같은 소식이 들려왔다. 담낭암 4기라고 했다. 병원은 엄마의 여명을 6개월 정도로 예상했다.

그 순간, 처음 건강검진을 해드렸던 기억부터 K 교수님의 말까지 모두 원망스러웠다. '그때 CT라도 찍었더라면 조금 더 일찍 발견할 수 있지 않았을까?' 병원을 상대로 소송이라도 하고 싶은 마음이 치밀었지만 나보다 이성적인 오빠는 대형 병원 상대로 이기기 쉽지 않다며 나를 말렸다. 4기 암은 이미 혈액을 타고 다른 장기에 전이된 상태다. 엄마의 경우, 원발 부위는 담낭이었고 암은 목까지 전이되어 있었다.

그렇게 치료를 위해 혈액종양내과에서 항암을 시작했고, 가슴 피부밑에 케모포트라는 중심 정맥주사 관을 삽입했다. 그곳으로 항암제를 주입하고 3주를 쉬는 일정이 반복되었다.

다행히 항암 초반에는 치료 반응이 좋았다. 처음 항암을 시작하는 환자라서인지 재발 환자들과 달리 눈에 띄는 효과가 있었다. 하지만 독성 항암제의 부작용은 생각보다 잔인했다.

첫 항암 치료 후 탈모로 머리카락이 빠져 삭발해야 했고, 구토와 구내염이 심해 식사를 못 하셨다. 탈모가 되고 식욕이 없어 우울해하는 엄마를 모시고 가발을 맞춰드렸다.

처음에는 좋아하셨지만, 생각보다 심한 독성 항암제의 부작용에 시달리던 엄마는 가발과 외모에 신경 쓸 여력이 없는 몸 상태가 되었다. 한번은 항암 직후 동생이 엄마를 모시고 쇼핑센터에 갔다가 엄마가 식은땀을 흘리며 잠시 쓰러진 적도 있다고 동생이 말한 적도 있다.

식욕부진으로 식사를 못 하시던 엄마가 그나마 조금 먹을 수 있는 건 동네 작은 식당에서 파는 오천 원짜리 냉면뿐이었다. 장어, 삼계탕, 전복죽, 추어탕까지 몸에 좋다는 건 다 사다 드려도 손을 대지 못했다. 냉면으로 하루를 버티는 시간이 길어졌다.

그러다 체력이 급격히 떨어져 더는 치료를 받을 수 없는 날이 오면 입원해 수액과 항생제로 몸을 회복시켰다. 그러면 항암 일정이 미뤄지고, 다시 치료를 시작하면 또 부작용으로 힘들어졌다. 1년여 동안 항암, 부작용, 입원과 퇴원이 끝없이 반복되었다.

엄마의 몸은 점점 쇠약해졌지만, 그 누구보다 살고자 하는 의지가 강했다. 그리고 힘든 시간을 버텨낸 끝에 암이 조금씩 줄어드는 결과가 나왔다. 그 사실이 엄마를 그리고 우리

가족을 한동안은 버티게 했다. 그렇게 우리는 절망 속에서도
희망이 얼마나 단단한 마음에서 비롯되는지 배워갔다.

흔들려도 괜찮은 당신에게

희망과 절망의 사이에서

희망과 절망 사이를 오가며 버티는 당신.
그날들 속에서 이미 수많은 기적을 만들었어요.
조금 흔들려도 괜찮아요.
지금 이 순간도 여전히 충분히 잘하고 있습니다.

2

잠시 찾아온
기적의 순간

엄마는 힘든 시간을 꿋꿋이 견뎌주셨다. 68세라는 적지 않은 나이에 1년 넘게 이어지는 독성 항암제의 부작용은 엄마의 온몸을 서서히 쇠약하게 만들었다.

항암 부작용으로 냉면밖에 드시질 못했고, 머리카락이 전부 빠져 그렇게 쓰기 싫다던 항암 모자를 쓸 수밖에 없었다.

조금만 걸어도 숨이 차서 힘들어하셨지만 "힘내서 치료받으려면 운동은 해야지."라고 말씀하시며 단 하루도 걷는 걸 게을리하지 않으셨다. 내가 옆에서 보기엔 '저렇게 천천히 걷는 게 무슨 운동이 될까?' 싶은 생각이 들었지만 난 그저 엄마의 느려진 걸음 속도에 맞춰 천천히 함께 걸을 수밖에 없었다.

CT 검사 결과를 들으려고 진료실 앞에서 온 가족이 함께 기다리며 긴장했던 공기는 지금도 잊을 수가 없다. 결과를 듣기 전까지의 두려움과 초조함, 혹은 '혹시나' 하는 기대감이 교차하는 순간이었다. 진료실 문 앞에서 엄마의 이름이 불리기 전까지, 우리는 아무 말도 할 수 없었다. 결과를 듣는 몇 분이 몇 시간을 버티는 것보다 더 길게 느껴졌다.

교수님이 보여주신 화면에 검게 번져 있던 그림자가 이전보다 옅어져 있는 게 의료진이 아닌 내 눈에도 선명하게 보였다. 교수님은 모니터를 가리키며 "여기 보세요. 여기에 있던 까만 것들, 이전보다 암이 거의 없어졌죠?"라고 설명해 주셨다.

'엄마의 강한 의지가 독한 항암제를 이겨내고 있구나.' 생각이 들었다.

엄마는 힘없이 웃으셨다. 웃음 뒤에는 여전히 지친 기색이 역력했지만, 그 순간만큼은 우리가 모두 살아 있다는 사실에 감사했다. 잠시 정신이 들이온 아빠는 말없이 엄마의 어깨를 토닥여 주셨고, 새언니와 나, 동생은 안도의 한숨을 쉬었다.

'이제 살 수 있겠구나.'라는 희망과 동시에 '혹시 이 기쁨이 오래가지 않으면 어떡하지?'라는 불안감이 동시에 몰려왔다.

바로 이어서 교수님은 "저희가 생각했던 것보다 항암을 오래 하셔서 어머니 체력이 너무 약해져 있으니, 두세 달 정도는 쉬셔도 괜찮습니다. 체력을 회복하는 게 우선이에요."라고 말씀하셨다. 그 순간, 우리는 '암이 이렇게 사라질 수도 있구나.' 하는 기적 같은 기대를 품었다. 그때까지는 전이가 있으면 완치가 어렵다는 사실조차 제대로 알지 못했던 우리는 그저 기뻤다. 마치 이 긴 터널이 끝난 듯 마음 한편에서 희망이 피어오르던 날이었다.

지금 돌이켜보면 그날의 환희는 어쩌면 짧은 착각이었는지도 모른다. 하지만 그 착각 덕분에 우리는 잠시 웃을 수 있었다.

흔들려도 괜찮은 당신에게

희망과 절망의 사이에서

기적은 언제나 거창하게 찾아오지 않습니다. 눈을 뜨고, 밥을 먹고, 웃을 수 있는 하루.
그 평범한 날이야말로 인생이 주는 선물이에요.
그 시간을 꼭 기억하세요.

여전히 그립지만, 일어서는 중입니다

다시 시작된 날들,
다시 살아내는 용기

짧은 평화가 지나가고 우리는 다시 절망 앞에 서야 했다.

1년 넘게 항암과 입원, 퇴원을 반복하며 기진맥진해 있던 엄마는 교수님의 권유로 잠시 항암을 쉬게 되었다. "두세 달 정도는 쉬셔도 괜찮습니다. 체력을 회복하는 게 우선이에요."라는 말은 그동안 고생한 엄마와 우리 가족에게 잠시나마 숨 쉴 틈 같은 위로였다. 그 몇 달이 우리에게는 작은 선물처럼 느껴졌다.

병원에 가지 않아도 되는 날, 엄마는 집에서 평소 좋아하던 드라마를 보며 웃기도 했고, 동네를 산책하러 나가 계절이 바뀌는 풍경을 바라보기도 했다. 우리 가족은 '혹시 이제 괜찮아지는 걸까?'라는 조심스러운 기대를 품었다.

그러나 그 짧은 휴식이 끝나기도 전에 암은 다시 우리를 이전보다 더 강력하게 덮쳤다. 이번에는 폐와 간, 흉곽, 늑막, 복막까지 전이된 상태였다. 무겁고 조용한 진료실에서 교수님의 입에서 나온 그 말은 암 진단을 처음 받았던 날보다도 더 무겁게 다가왔다. 엄마의 얼굴이 굳었고, 내 머릿속은 하얘졌다.

다시 항암을 시작했지만, 이번에는 약이 듣지 않았다. "항암제에 내성이 생겼다."라는 말은 마치 우리에게 사형선고처럼 느껴졌다. 더 이상 쓸 수 있는 약이 없다는 청천벽력 같은 이야기를 들을 때 엄마는 한참 동안 아무 말도 하지 않으셨다. 그저 창밖을 오래 바라보셨다.

혈액종양내과와 방사선종양학과를 오가며 의미가 있을지조차 알 수 없는 치료를 이어갔다. 방사선 치료실 앞에서 엄마를 기다리던 기억이 아직도 생생하다. 방사선 치료를 위해 엄마의 몸에는 컴퓨터용 사인펜 같은 걸로 표식이 그려졌다. 그 작은 선과 점이 치료가 끝날 때까지 지워지면 안 된다고 했다. 치료실 침대에 누운 엄마는 3~5분 정도 방사선을 쐬고 나왔다. 옆에서 보기에는 항암보다 덜 힘들어 보였지만 엄마의 표정은 언제나 피로와 불안으로 가득 차 있었다. 그래도 엄마는 치료가 끝나고 나올 때마다 늘 내게 물었다.

"힘들어도 다시 항암을 하면 안 될까? 조금이라도 더 버틸 수 있지 않을까?"

그 물음에 나는 차마 솔직히 대답할 수 없었다. 의사의 말처럼 더 이상 쓸 수 있는 항암제가 없다는 사실을 엄마에게 그대로 전할 용기가 없었기 때문이다.

결국 우리는 분당차병원을 떠나 군포의 작은 지샘병원으로 옮기게 되었다. 더 이상 대형 병원에서 받을 치료가 남아 있지 않았기 때문이다. 이 과정은 마치 우리가 모르는 세계로 쫓겨나는 느낌이었다. '최선의 치료'를 받던 자리에서 '남은 시간을 어떻게 보낼지' 고민해야 하는 자리로 옮겨지는 그 현실을 쉽게 받아들이기 어려웠다.

그 전에 교수님은 나를 조용히 불러 말씀하셨다. "이제 통증이 점점 심해질 겁니다. 마음의 준비를 하셔야 합니다. 특히 폐 전이가 심해져서 언젠가는 숨쉬기조차 힘들어질 거예요." 그 말을 들으며 나는 고개를 끄덕였지만, 마음 깊은 곳에서는 '아직은 아니다.'라는 희망을 붙잡고 있었다.

엄마는 여태 수많은 고비를 이겨내지 않았던가. 항암 부작용으로 몸이 무너져도 일어나셨고 "못 먹겠다." 하면서도 한 숟가락 더 삼켜내셨다. 그런 엄마였으니까 이번에도 분명 버텨낼 거라고 나는 끝까지 믿고 싶었다.

요양병원이나 호스피스병원을 미리 알아두라는 말도 들었지만, 그때의 나는 그 말이 현실이 되리라고는 상상조차 하지 않았다. 그저 아주 먼 미래의 이야기, 나와는 당장 상관없는 얘기처럼만 들렸다.

흔들려도 괜찮은 당신에게
희망과 절망의 사이에서

다시 시작한다는 건, 희망을 믿겠다는 용기입니다.
그 믿음 하나로 오늘을 견디는 당신.
그 자체로 이미 강하고 아름답습니다.

║

절망을 넘어선
고통의 시간

2022년 7월, 2년 2개월 동안 온갖 치료를 견디며 버텨온 엄마에게 마침내 절망의 시간이 찾아왔다.

분당차병원 혈액종양내과 교수님이 조심스럽게 "이제 정말 마음의 준비를 하셔야 합니다."라고 말했던 그날 이후 우리 가족은 한순간에 깊은 어둠 속으로 빠져들었다. 그 말은 단순한 의료적 설명이 아니라 앞으로 닥쳐올 현실에 대한 경고였다. 그리고 그 경고는 너무나도 빠르게 현실이 되어갔다.

암성 통증은 엄마의 몸과 마음을 서서히 갉아먹었다. 진통제를 먹어도 잠깐뿐. 다시 찾아오는 극심한 고통은 말 그대로 사람의 '존엄'마저 빼앗아 가는 것 같았다.

그때 의사 선생님은 '담낭암 4기'에서 '담낭암 말기'라는 최종 판정을 내리셨다. 이제 정말 남은 여명은 6개월 이내라 했지만, 엄마의 몸 상태는 불과 두세 달 만에 급격히 나빠졌다. 통증은 매일 더 심해지고 숨을 쉬는 것조차 힘겨운 날들이 이어졌다.

교수님은 필요하다면 호스피스병원으로 옮길 수 있도록 소견서를 써주시겠다고 했지만 나는 그 전에 단 한 달이라도 엄마와 함께 지내고 싶었다. 엄마의 고통을 조금이라도 덜어드리고자 엄마를 우리 집으로 모셔 오기로 결심했다.

하지만 내 결정이 전혀 가볍지 않았다는 것을 돌봄의 무게를 온몸으로 느끼며 깨닫게 되었다. 그때 엄마는 이미 언제 떠나셔도 이상하지 않을 만큼 전신이 쇠약해져 있었다. 음식은 거의 삼키지 못했고 극심한 통증으로 밤낮없이 몸부림을 치고 식은땀을 흘리며 괴로워하셨다.

엄마를 우리 집으로 모셔 왔다는 소식을 들은 외삼촌 두 분과 외숙모들, 이모 부부가 엄마를 보러 오셨다.

힘들었던 건, 내가 유방암 수술을 받은 지 고작 넉 달밖에 지나지 않았다는 사실이었다.

아직 내 몸도 완전히 회복되지 않았고 체력도 부족했다. 그런데도 나는 엄마 곁에 있어야 한다는 생각뿐이었다.

상황이 이렇게 되자, 아빠는 어쩔 수 없이 요양원에 모셔야 했다. 한쪽에서는 엄마가, 다른 한쪽에서는 아빠가 서로 아픈 채로 따로 떨어져 있는 현실이 우리 가족 모두에게는 참혹한 고통이었다. 극심한 통증으로 고통스러워하는 엄마를 옆에서 지켜보는 것만큼이나 나의 우주였던 아빠를 요양원에 모셔놓고 찾아가 뵐 수 없는 죄책감과 현실이 나를 옥죄어 왔다.

엄마는 거의 음식을 드시지 못했지만 나는 매일 새로운 밥을 지어 드렸다. 혹시나 한 숟가락이라도 드실까 하는 마음에서였다. 약 시간을 놓치지 않으려고 휴대폰 알람을 맞춰두었고 간단히라도 몸을 움직이실 수 있도록 팔과 다리를 조심스럽게 마사지하며 운동을 도왔다. 잠자리에 들기 전에는 따뜻한 물로 목욕을 시켜드렸다.

그 모든 과정이 체력적으로는 벅찼지만 직접 엄마 곁을 지키고 있다는 사실이 마음을 조금은 편하게 해주었다.

평일에는 내가 온전히 엄마를 돌봤다. 그러다 토요일이 되면 김포에 사는 오빠가 와서 엄마를 모시고 갔다. 주말만이라도 좀 쉬라는 오빠의 말 없는 배려였을 것이다. 주말 이틀 동안 오빠와 새언니가 엄마를 돌보고, 일요일 저녁이면 다시 엄마를 내게 데려왔다. 그렇게 한 달 정도 시간이 흘렀다.

하지만 엄마의 통증은 점점 더 심해졌다. 폐로 암이 전이되면서 호흡마저 힘들어져 작은 숨결 하나 내쉬는 것도 고통으로 가득 차 있었다. 통증으로 밤마다 잠에서 깨셨고 결국 집에서 더는 모실 수 없는 상황이 되었다.

2022년 8월 26일, 엄마를 다시 분당차병원에 입원시켰다. 이제 엄마의 몸은 마약성 진통제가 아니면 하루도 버틸 수 없었다. 진통제를 맞으면 잠시 고통은 잦아들었지만, 의식은 점점 희미해져 갔다. 엄마의 두 눈에서 빛이 사라져가는 모습을 지켜보는 긴 그 어떤 질병보다 너 큰 고통이었다. 그 시기는 단순히 병과 싸우는 시간이 아니었다.

가족 모두가 희망과 체념 사이를 오가며 하루하루 마음이 갈기갈기 찢어지는 시간이기도 했다. 몸의 통증만큼이나 사랑하는 사람을 잃어간다는 사실이 우리를 더 괴롭히고 있었다.

흔들려도 괜찮은 당신에게
희망과 절망의 사이에서

모든 게 무너지는 듯한 순간에도 당신은 사랑을 포기하지 않았습니다.
그 끝없는 사랑이 절망을 이겨냅니다.
당신의 눈물은 결코 헛되지 않습니다.

가족과 함께한
마지막 추석

2022년 8월 26일, 엄마는 병원에 입원해 9월 2일까지 일주일 동안 마약성 진통제로 버티며 힘겨운 시간을 보내셨다. 담당 교수님은 이번 추석이 엄마의 마지막 추석이 될 것이라고 조심스레 말씀하셨다. 그리고 이번 추석은 병원보다 가족들과 함께 집에서 시간을 보내는 게 좋을 거라며 퇴원을 권하셨다.

이번에는 우리 집이 아닌 엄마의 집으로 모셨다. 남편과 아이들에게 양해를 구하고, 나는 엄마 곁에서 일주일을 지냈다. 아빠가 요양원에 계셔서 아빠의 빈자리가 크게 느껴졌지만 아무리 딸이 잘해도 자기 집만큼 편안한 곳은 없을 거라 생각했다.

퇴원할 때 처방받은 경구용 마약성 진통제로 하루하루를 버티던 엄마는 의식이 점점 흐려져 갔다. 의식이 또렷할 때도 복부 통증이 자주 찾아왔다. 한 번 통증이 시작되면 식은땀을 흘리며 배 전체가 꼬이고 배 속을 후벼 파내듯이 아프다고 했다. 마약성 진통제를 먹어야 진정이 되었고 어떤 날은 약조차 듣지 않아 배를 움켜쥐고 침대에 엎드린 채 그 고통을 오롯이 견디셨다. 엄마는 등을 편하게 펼 수 없을 만큼 아파했다. 호흡곤란으로 숨쉬기도 힘들어, 똑바로 누워 잘 수 없었다. 그래서 등을 구부린 채 침대에 엎드려 자거나, 침대 등에 기대어 앉은 자세로 겨우 잠을 이루곤 했다. 진통제를 먹은 뒤에는 약에 취한 건지 잠든 시간이 길어졌다. 깨어 있을 때도 무기력했고, 가끔 멍하게 있다가 엉뚱한 대답을 하거나 동작이 눈에 띄게 느려졌다.

이제 아빠라는 존재와 눈에 보이지 않는 오빠와 동생의 존재는 잊은 듯했다. 식사량도 급격히 줄었다. 억지로라도 잘 먹어야 이겨낼 수 있다고 말씀하시던 분이 밥 한 공기에서 반 공기, 그 절반, 또 절반으로 줄더니 마지막엔 한 숟가락도 힘들어하셨다.

그 무렵 나는, 혼자서는 엄마를 더 이상 돌보기 어렵겠다고 생각했다. 새언니는 추석 연휴 동안 호스피스병원에 자리가 나는지 매일 확인해 줬고 안양 메트로병원 호스피스 병동에 자리가 생겼다는 소식을 알려주었다. 연휴가 끝나자마자 입원하기로 했다.

집에서 보낸 연휴 마지막 날 엄마는 거의 음식을 드시지 못했고, 과일이나 식혜 같은 음료만 간신히 넘기셨다. 급격히 음식 섭취가 줄어들자, 소변량도 눈에 띄게 감소했다. 하루에도 몇 번씩 화장실을 다니던 엄마가 이제는 하루 두세 번, 나중에는 한 번만 소변을 보게 되었다.

그와 함께 발과 종아리가 부어오르기 시작했다. 엄마는 불편하지 않다고 했지만 나는 점점 부어가는 다리가 무섭고 걱정스러웠다. 모든 것이 처음이라 매 순간이 두려웠다. 엄마가 잠들면 숨을 쉬고 있는지 습관처럼 확인하며 무서웠던 밤들을 홀로 버텨냈다.

흔들려도 괜찮은 당신에게
희망과 절망의 사이에서

마지막이라는 걸 알면서 믿고 싶지 않았던 그날, 햇살과 웃음
이 더 따뜻했습니다.
이별의 그림자 속에서도 사랑은 끝내 식지 않았다는 걸 기억
하세요.

이별을 앞둔
호스피스병원에서의 일주일

추석 연휴를 가족들과 함께 보낸 후 바로 다음 날 엄마의 통증은 더 깊어졌고 의식은 자꾸 희미해졌다.

2022년 9월 13일 화요일, 나는 마침내 엄마를 모시고 호스피스 병동으로 향했다. 엄마가 이곳이 어떤 병원인지 알고 계셨는지는 알 수 없었다. 하지만 간헐적으로 의식이 돌아올 때면 "병원 안 간다."라는 말을 반복하셨다. 그 한마디가 내 발목을 붙잡았지만 나는 "집에서는 통증 조절이 안 되고 식사도 못 해서 안 돼." 하고 거의 아이를 달래듯 말씀드렸다.

간신히 모시고 온 호스피스 병동. 이때까지만 해도 나는 엄마가 한 달은 버텨줄 거라고 믿었다. 호스피스 병동은 보호자가 머무를 수 없는 곳이었다. 입·퇴원 때만 옆에 있을 수 있었고 나머지 시간은 환자와 간병인, 그리고 의료진에게

맡겨야 했다.

　몇 달간 이어진 간병으로 이미 몸과 마음이 지칠 대로 지친 나는 엄마를 병동에 두고 거의 일주일 만에 우리 집으로 돌아왔다. 오랜만에 침대에 누웠을 때, 그 낯선 고요와 안도감, 엄마에 대한 미안함이 동시에 찾아와 내 마음을 괴롭혔다.

9월 13일 (화) – 임종 D-6

　호스피스 병동에 들어선 순간, 기분 탓인지 공기마저 다른 냄새를 품고 있었다. 소독약 냄새에 묘하게 섞인, 오래 눌러앉은 고요와 슬픔의 냄새. 엄마는 물 한 모금도 삼키기 힘들어하셨다. 폐, 간, 늑막, 복막. 병명이 길어질수록 엄마의 숨은 짧아졌다.

　늑막 전이로 폐 속에 악성 흉수가 차오르면서 숨을 들이쉴 때마다 마치 모래를 삼키는 듯한 거친 소리가 났다. 의사들은 더 강한 진통제, 결국 모르핀을 권했다. 투여량은 조금씩 늘어갔고 그와 함께 엄마의 혈압은 내려가고 의식은 멀어졌다. 침대 위 엄마는 눈을 감은 채, 마치 깊은 물 속에 잠긴 사람처럼 가수면 상태를 이어갔다. 그 숨결이 점점 작아지는 것이 두려워 나는 자리에서 쉽게 일어나지 못했다.

9월 14일 (수) - 임종 D-5

아침이면 간호사실로 전화를 걸어 엄마의 상태를 물었다. "계속 집에 가고 싶다고 하세요." 그 말이 들려올 때마다 가슴이 저릿했다. 간병인의 도움으로 잠시 통화를 하니 엄마는 퇴원시키러 오라며 화를 내셨다. 평생 조용한 성격의 뭐든 참는 분이셨는데 그날은 어린아이가 된 듯한 목소리였다. 동생이 제부와 함께 찾아갔지만, 그 앞에서도 엄마는 집으로 가고 싶다고 했다고 전했다. 물조차 삼키기 어려워진 몸, 염증 수치와 콩팥 기능은 나빠졌고 칼륨 수치까지 떨어졌다. 간호사는 호흡곤란이 심해지면 모르핀과 수면제를 써서라도 잠들게 하는 방법밖에 없다고 했다. 나는 모르핀의 부작용이 두려웠지만 그 약 없이는 엄마가 숨을 쉴 수 없다는 사실 앞에서 그 두려움조차 사치였다.

9월 15일 (목) - 임종 D-4

어제저녁까지 60대였던 혈압이 이침엔 90대로 올랐다고 했다. 혈압이 조금 오르자, 엄마는 간병인에게 물었다고 했다. "태평동이 가까워요? 거기까지만 데려다주면 혼자 집에 갈 수 있어요." 지금은 다른 곳으로 이사했지만, 태평동은 엄마가 50년 넘게 우리 삼 남매를 키운 제2의 고향 같은 곳이었다. 그 기억 속에서 엄마는 여전히 건강하던 모습일 것이다.

하지만 지금 엄마의 식사는 수요일 아침, 한 숟가락이 마지막이었다. 그마저도 토해내셨다. 이제는 수액만이 엄마의 몸을 채웠다.

9월 16일 (금) – 임종 D-3

통증이 심해 모르핀을 두 번이나 맞으셨고 오후엔 24시간 들어가는 무통 주사가 연결되었다. 집에 가고 싶다는 말은 줄었지만, 혈압은 여전히 70~80대. 나는 내일 오빠와 함께 면회를 예약했다. 병실 문을 열면 들려오는 기계음과 희미한 산소의 냄새 속에서 엄마가 내 이름을 부를 수 있을지 그 생각만 들었다.

9월 17일 (토) – 임종 D-2

아침 일찍 오빠와 함께 엄마에게 갔다. 나를 보자마자 엄마는 힘겹게 "집에 가자."라고 했다. 며칠 전만 해도 발이 통통 부어 있었는데, 수액과 소변 배출 덕분인지 부기는 많이 빠져 있었다. 하지만 숨을 쉴 때마다 가슴이 오르락내리락하며 얼굴이 일그러졌다. 새벽엔 폐 전이로 인한 호흡곤란 때문에 "살려달라."며 소리치셨다고 했다.

그날 엄마는 눈을 뜨기 힘들어했고 말도 가늘게 끊겼지만, 내가 누구인지 알아보셨다. 면회 시간이 끝나 인사를 하자 대답은 없었지만, 그 손끝이 내 손을 꼭 붙잡았다. '가지 말라'는 말 대신 같았다.

9월 18일 (일) - 임종 D-1

어제, 병원에서 엄마를 보고 돌아와 오후에는 요양원에 있는 아빠를 뵈었다. 의식 없이 누워 있는 아빠와 병실에서 고통에 잠긴 엄마의 모습이 겹쳐 나는 종일 아무것도 할 수 없었다. 엄마에게 전화를 걸 용기도 나지 않았다. 병원에서도 어떤 연락도 오지 않았다. 그렇게 하루가 흘렀다.

9월 19일 (월) - D-Day, 오후 4시 45분

아침부터 이상했다. 매일 하던 전화를 오늘은 손이 떨려 걸 수 없었다. 휴대폰을 만지작거리고 있는데 오후 1시쯤

간호사실에서 전화가 왔다.

"호흡곤란이 너무 심해 지금 산소 호흡기를 달았습니다. 오늘 임종하실 수 있을 것 같습니다." 심장이 '철렁' 내려앉았다. 임종실로 옮기면 다시 연락을 주겠다고 했고 거리가 멀면 올 준비도 하라고 했다.

그때 병실에 있던 공기, 창문으로 스며든 흐린 빛, 그리고 복도 끝에서 들려오는 낮고 일정한 기계음. 이 모든 것이 엄마와 함께했던 마지막 순간으로 나를 데려갈 준비를 하고 있었다.

흔들려도 괜찮은 당신에게
희망과 절망의 사이에서

이제 와서 생각해 보니 그 일주일은 고통이 아니라, 마지막 사랑이 머물던 시간이었습니다.
당신은 끝까지 사랑했습니다.
그것이면 충분합니다.

1

70번째 생일,
하늘의 별이 된 엄마

한 30분쯤 지났을까. 엄마의 호흡이 불규칙해지고 가래 끓는 소리가 점점 거칠어졌다. 의료진은 엄마를 임종실로 옮기겠다고 했고, 그 말은 이제 곧 마지막 시간이 임박했다는 의미였다.

나는 서둘러 오빠와 동생을 비롯한 가족들에게 연락했다. 일산에서 안양까지 달려가야 했지만, 월요일 오후의 도로는 끝없이 막혀 있었다. 가까워질 듯 멀어지는 길 위에서 초조함과 두려움은 점점 커져만 갔다. 그리고 결국 나는 도착하지 못했다.

엄마는 오후 4시 45분, 내게 마지막 인사 한마디 남기지

여전히 그립지만, 일어서는 중입니다

못한 채 숨을 거두셨다. 내가 병원에 도착한 시간은 5시 15분. 차 안에서 전화기로 들은 엄마의 임종 소식은 내 숨통을 조여왔고 "겨우 30분 차이였구나." 하는 생각이 온몸을 무겁게 짓눌렀다.

마지막 순간 엄마 곁을 지킨 건 가장 가까이에 있던 동생 부부였다. 동생은 눈앞에서 고통스러워하는 엄마를 바라보며 몇 번이나 울부짖듯 내 이름을 불렀다. "언니, 빨리 와. 제발."
그 목소리에는 애타는 간절함과 두려움이 가득 배어 있었다.

동생의 전언에 따르면, 엄마의 호흡은 이미 거칠었고 눈은 초점을 잃고 있었다. 그르렁거리는 가래 끓는 소리와 함께 마지막에는 입가에 하얀 거품이 맺혔다고 했다. 그 모습을 도저히 두고 볼 수 없었던 동생은 간호사를 불러 거품을 닦아 달라고 부탁했다. 그런데 산소 호흡기를 잠시 들어올려야 했고 바로 그 순간 엄마의 호흡이 멎어버린 듯했다. 내가 병원에 도착했을 때, 엄마는 이미 안치실로 옮겨질 준비를 하고 계셨다.
동생 부부가 꼭 봐야 할 사람이 있다며 간곡히 부탁해 내가 도착할 때까지 조금 기다려 주셨다. 그 덕분에 나는 마지막으로 엄마의 손을 잡을 수 있었다. 그 손은 아직 따뜻했다.

그러나 시간이 흐르자, 온기는 빠르게 식어갔고 얼굴에는 서서히 푸른빛이 돌았다.

나는 그 변화를 지켜보며 돌이킬 수 없는 이별이 현실이 되었음을 실감했다.

엄마의 생일은 매년 추석이 지나고 정확히 일주일 뒤인 음력 8월 23일이었다. 엄마는 2022년 9월 19일 세상을 떠나셨다. 돌아가신 날은 음력으로 하루 전 날짜를 기준으로 계산한다고 했으니 결국 엄마는 향년 70세, 자신의 생일날 우리 곁을 떠나신 셈이었다.

엄마가 떠난 뒤, 마지막을 곁에서 지킨 동생은 한동안 많이 힘들어했다. 임종의 장면이 머릿속에서 계속 떠나지 않았던 걸까. 신경정신과에서 얼마 동안 신경안정제와 수면제의 도움을 받아야만 했다. 그 모습을 지켜보는 나 또한 마음이 아팠다.

그러던 어느 날, 문득 이런 생각이 스쳤다. "엄마는 나에게 일부러 임종을 보여주지 않으신 게 아닐까?" 2년이 넘는 시간 동안 밤낮없이 엄마 곁을 지켰던 내게 마지막 순간만은 곁에 없도록 하신 것 같았다.

그렇게 생각하니 끝내 엄마의 임종을 보지 못한 서운함은 어느새 조금씩 사라져갔다.

엄마는 내게 그 무거운 장면을 남기고 싶지 않으셨을지도 모른다.

엄마, 이제는 고통 없는 곳에서 편히 쉬세요.

이제 더는 아프지 마세요.

사랑합니다. 감사합니다.

남아 있는 아빠도 잘 돌보고, 우리 삼 남매는 사이좋게 살아가겠습니다.

흔들려도 괜찮은 당신에게

희망과 절망의 사이에서

이제 엄마는 하늘의 별이 되어 우리 곁을 조용히 비추고 있습니다.

보이지 않아도 사랑은 여전히 살아 있습니다.

그 빛이 오늘 당신의 마음을 감싸주길 바랍니다.

여전히 그립지만, 일어서는 중입니다

돌봄의 시간을
지나며

간병을 하다 보면 병원에 입원해 있는 날도 있지만 집에서 환자를 돌보는 시간도 많이 생긴다. 평소 환자의 상태를 간단히 기록해 두면 다음 병원 진료 시 의료진과의 소통이 훨씬 원활해진다.

날짜	열 체크	혈압	배변 상태 (횟수)	수면 상태	식사 상태	통증 정도
21.9.18	38.3	134/93	묽은 변 1회, 소변 5회	못 주무심	못 드심	상

3장

조금씩
사라지는 이름,
아빠

어릴 적 영웅 같던 아빠가 점점 멀어져 갔다. 기억을
잃어가는 사람을 지켜본다는 것은, 사랑의 또 다른
이별이었다.

1

어릴 적 내 슈퍼맨,
아빠

나는 어릴 적부터 유난히 몸이 약했고 잔병치레가 많았다. 그런 나에게 아빠는 엄하시면서도 자상한 슈퍼맨 같은 존재였다. 술을 좋아하셔서 때때로 엄마와 우리 삼 남매를 힘들게 하신 적도 있었지만 정 많고 눈물 많은 따뜻한 성품의 사람이었다. 성격이 예민하고 불같아 가족들이 마음고생한 날도 있었지만, 세월이 흐른 지금 떠오르는 건 결국 아빠가 우리에게 해주셨던 따뜻한 기억들뿐이다.

그 시절 나는 열 경기를 자주 앓았다. 결혼하고 아이 둘을 키우고 보니 그 당시 30대 초반이던 젊은 아빠가 얼마나 두렵고 무서웠을지 짐작이 간다. 인터넷도, 의학 정보도 없던 시절에 고열과 발작으로 의식을 잃는 어린 딸을 안고 병원을 찾던 아빠의 마음은 어땠을까. 아빠는 나를 데리고 성남에서 서울 신촌 세브란스 병원까지 오갔다.

머리에 하얀 크림 같은 액체를 바르고 주렁주렁 선을 연결해 뇌파검사를 받던 기억이 남아 있다. 휠체어에 앉아 링거를 꽂은 채 병원 로비를 돌던 장면도 어렴풋하다.

삼 남매를 키우며 먹고 살기도 힘들었을 그 시절, 차도 없이 성남에서 서울까지 몇 번씩 버스를 갈아타고 내 손을 꼭 잡고 다니던 아빠의 모습이 지금도 잊히지 않는다. 버스에서 자리가 나면 아빠는 나를 무릎에 앉히고 등을 토닥이며 재워 주었다. 자리가 없을 땐 모르는 아주머니 무릎에 앉혀 주는 일도 있었는데 그게 싫다며 울다 결국 혼나고 앉았던 기억도 있다.

아빠는 치료가 뜻대로 되지 않는다고 생각하셨는지 날 데리고 전국에 유명하다는 한의원, 심지어 무당까지 찾아다녔다. 어느 날은 용하다는 무당집에 데려가셨는데 향냄새와 낯선 분위기가 무시웠다. 무당은 나를 보더니 스무 살까지만 살 거라고 했고 어느 깊은 산속에서 작두 위에서 춤을 추며

여전히 그립지만, 일어서는 중입니다

굿을 했다. 아직 초등학교 입학 전이었던 어린 나는 그 광경이 공포였다. 그때의 기억 때문에 지금도 무당 방울 소리만 들어도 심장이 철렁 내려앉는다.

그러고도 아빠는 성에 차지 않으셨는지 온갖 약재와 민간요법을 찾아 전국을 찾아다니셨다. 장대비가 쏟아지던 어느 여름날, 누에고치 가루가 좋다는 말을 듣고 어딘지도 모를 어느 시골 마을을 찾아가기도 했다. 그날 아빠는 내가 비 맞고 또 아플까 봐 파란 비닐 우비로 나를 똘똘 말아 눈만 빼꼼 나오게 해주셨다. 그렇게도 나를 살리겠다고 애쓰셨던 아빠가 2023년 12월, 77세의 나이로 요양병원에서 조용히 홀로 눈을 감으셨다. 엄마처럼 작별 인사도 없이 떠나셨다.

아빠의 장례식장에서, 아빠가 나만큼 끔찍이 아꼈던 아빠의 하나뿐인 여동생인 고모가 해준 말은 충격이었다. 아빠는 그 옛날 나를 살리려고 호랑이 뼈를 구해서 갈아 먹였고, 심지어 사람 뼈까지 구해 먹였다는 것이다. 지금 시대에 믿기 어려운 이야기였지만 아빠라면 충분히 그러고도 남을 분이라 그 말도 안 되는 소리가 믿어졌다.

두 아이를 키우며 아이들이 아프거나 사고가 있었을 때 내가 할 수 있었던 건 그저 곁에서 울며 기도하는 일뿐이었다. 그런데 젊은 시절의 슈퍼맨 같은 나의 아빠는 온 세상을 발로 뛰며 나를 살릴 방법을 찾아다녔다. 그 절박한 마음과 사랑은 지금도 가늠하기 어렵다.

나는 이렇게 유별나고 각별한 사랑을 받으며 자라왔다. 그런데 정작 아빠가 병상에 누워 힘들어하실 때 나는 아무것도 해드리지 못했다. 그 사실이 평생 한으로 남아 나를 괴롭힌다.

아빠의 사랑은 내 삶의 근간이 되었는데, 나는 그 빚을 끝내 갚지 못했다는 생각이 자꾸 나를 작아지게 한다.

잊혀 가는 사랑을 품은 당신에게
기억의 끝에서

세상에서 가장 든든했던 존재, 아빠.
그 기억이 멀어져도 괜찮아요.
제 마음 한켠에는 여전히 그때의 아빠가 살아 있습니다.

여전히 그립지만, 일어서는 중입니다

2

텐트 속 기억,
햇살 같던 순간들

어릴 적 가족과 함께한 따뜻한 기억들이 종종 내 삶을 다시 일으켜 세우곤 한다. 지치고 마음이 허전할 때면, 그 시절 아빠가 만들어 주었던 소박한 행복의 장면들이 불쑥 떠올라 나를 다시 단단하게 붙들어 준다.

넉넉지 않은 형편 속에서도 아빠는 주말이면 꼭 우리 삼 남매와 엄마를 데리고 산으로, 들로, 바다로 향하셨다. 그 당시에는 차도 없었기에 늘 짐은 우리의 발걸음이 대신해야 했다.

코펠과 텐트, 삼겹살과 김치, 쌀까지 챙긴 묵직한 배낭을 메고 아빠는 온 힘을 다해 우리와 시간을 나누었다. 그곳이 어디든 가족이 함께 있는 순간은 곧 멋진 캠핑장이 되었다.

아빠의 하루는 늘 우리보다 먼저 시작되었다. 새벽 4시, 혹은 5시. 동이 트기도 전에 아빠는 우리를 조심스레 깨우셨다. 잠이 덜 깬 눈을 비비며 고속버스에 올라타 한참을 달리면 도착한 곳은 늘 설레는 푸른 바다였다.

낙산 해수욕장의 넓은 모래사장 위에 텐트를 치고 밥을 짓고, 고기를 구워주던 아빠.

그 바닷바람 속에서 먹던 삼겹살 맛은 지금도 내 입안에 선명하게 남아 있다. 고기를 그다지 좋아하지 않는 나지만 유독 바싹 구운 삼겹살만은 지금까지도 좋아하는 건 아마도 그때의 추억이 내 마음속에 단단히 새겨져 있기 때문일 것이다.

아빠는 계절마다 우리에게 다른 추억을 안겨주셨다. 봄이면 뒷산 약수터에 올라 삼겹살을 구워주셨고, 여름이면 바닷가나 수영장에서 물놀이를 함께 해주셨다. 가을이면 온 가족이 밤을 주우러 다녔고, 저수지에서는 새우를 잡았다. 아빠가 족대를 들고 물속 깊이 들어가면 우리 삼 남매는 저수지 가장지리에서 메뚜기를 잡겠다며 이리저리 뛰어다녔다.

혹시라도 산이나 저수지에서 뱀에게 물릴까 봐 아빠는 백

반을 곱게 빨아 우리 삼 남매의 양말 속에 꼼꼼히 넣어 주셨다. 그 세심한 손길 하나하나가 우리를 향한 아빠의 사랑이었다.

그때는 몰랐다. 우리의 여행이 사실은 아빠에게 얼마나 큰 수고였는지. 등에 무거운 짐을 지고 아이 셋을 챙기며 늘 밝은 얼굴로 우리 앞에 서 있던 아빠. 그 모든 게 당연한 줄만 알았다. 하지만 세월이 흘러 나도 결혼하고 아이를 키우며 알게 됐다. 그 시절, 우리를 위해 몸을 아끼지 않고 늘 한발 앞서 움직이던 그 마음이 얼마나 귀하고 큰 사랑이었는지를.

소박했지만 풍성했던 그 캠핑의 기억은 단순한 추억을 넘어 지금도 내 삶을 지탱해 주는 힘이다. 그 시절 우리 아빠는 가족에게 최선을 다한 참 멋진 사람이었다.

잊혀 가는 사랑을 품은 당신에게
기억의 끝에서

작은 텐트 안에 가득했던 웃음소리, 그 여름의 햇살.

기억은 바래도 온기는 남습니다.

그 따뜻함이 오늘도 당신을 비추고 있습니다.

여전히 그립지만, 일어서는 중입니다

3

매콤달콤한
추억의 냄새

 주말마다 산과 들, 바다로 우리를 데리고 다니던 아빠는 야외로 나갈 수 없는 어떤 날엔 온 가족을 데리고 시장으로 가셨다. 그곳은 성남의 성호시장. 토요일 오후가 되면 우리 가족은 변함없이 그곳으로 향했다.

 당시의 시장은 늘 북적였다. 골목 입구부터 튀김 냄새, 어묵 국물 냄새가 사람들을 끌어당겼다. 채소 좌판 앞에서는 상인들이 큰 목소리로 "한 단 오백 원!"을 외쳤고, 생선 가게 앞에는 갓 잡아 올린 듯한 생선들이 눈을 반짝이며 놓여 있었다.
 좁은 골목을 걸을 때면 이리저리 부딪히는 사람들의 어깨와 시장 특유의 활기가 우리를 감쌌다. 우리 삼 남매는 엄마치맛자락을 잡고 졸졸 따라다녔다. 시장은 흥미로웠지만 오래 걷다 보면 다리가 아파서 금세 투정이 나왔다.

그럴 땐 엄마 아빠가 시장 한가운데 먹거리촌에 우리를 앉혀 두고 "여기서 떡볶이 먹고 있어. 장 다 보고 올게." 하시곤 했다. 그때 먹던 떡볶이 맛은 지금도 잊히지 않는다.

거기에는 떡볶이, 순대, 어묵, 튀김 같은 먹거리가 줄지어 있었는데 달콤하면서도 매콤한 양념, 쫄깃한 떡, 김이 모락모락 피어오르던 초록색 플라스틱 그릇에 담긴 떡볶이의 맛은 지금도 선명하다.

나는 지금도 가장 좋아하는 음식이 뭐냐고 묻는다면 주저 없이 "떡볶이"라고 말한다.

심지어 여중생 시절에는 학교 앞 똘이분식의 노총각 사장님과 결혼하고 싶다고 생각할 정도였다. 물론 철없는 상상에 불과했지만 그만큼 떡볶이가 내 삶 속에 깊게 자리 잡고 있었다는 증거일 것이다.

돌이켜보면 그 시절 시장에서 먹던 떡볶이는 단순한 길거

여전히 그립지만, 일어서는 중입니다

리 음식이 아니라 가족과 함께했던 시간, 그리고 그 속에서 느꼈던 안전함과 행복이 고스란히 녹아든 추억의 맛이었다.

그래서일까, 지금도 시장에 가면 괜히 떡볶이 가게 앞에 잠시 멈추게 된다.

어린 시절 엄마 아빠와 함께했던 그때의 온기가 매콤달콤한 소스 향기 속에서 불현듯 나를 찾아오기 때문이다.

잊혀 가는 사랑을 품은 당신에게
기억의 끝에서

음식 냄새 속엔 늘 가족의 시간이 깃들어 있습니다.
그 향이 불현듯 떠오를 때면, 부모님이 다시 곁에 와 있는 듯 느껴집니다.
추억은 그렇게 우리를 다시 이어줍니다.

공평함이라는
이름의 사랑

어릴 적, 아빠는 우리 삼 남매에게 늘 공평하셨다. 한 번도 "오빠를 더 좋아하네.", "동생을 더 예뻐하네." 하는 생각이 들게 하지 않으셨다. 무엇이든 똑같이 한 치의 차이 없이 나누어 주셨다.

어느 겨울밤, 아빠가 귤 한 봉지를 사 오시면 우리 삼 남매에게 똑같이 오빠 세 개, 나 세 개, 동생 세 개를 나누어 주셨다. 남은 귤 몇 개는 다시 돌아가며 한 개씩 나누어 주셨고, 마지막 남은 것은 엄마와 아빠의 몫이었다.

종합과자 선물세트가 집에 신물로 들어오면 오빠가 먼저 한 개를 고르고, 그다음 나, 그리고 동생 순으로 한 개씩 고르게 하셨다. 그리고 다시 오빠에게 돌아가 한 개, 나에게 한 개, 동생에게 한 개. 항상 이렇게 돌아가며, 차례대로, 똑같이 나누어 주셨다.

이런 공평함 속에서 자랐기에 '편애'란 말은 우리 집에 자리할 틈이 없었다. 물론 유난히 몸이 약했던 나를 오빠와 동생이 속으로는 '편애'라 생각했을 수도 있겠지만, 적어도 내 기억 속 아빠는 늘 우리를 똑같이 사랑해 주셨다.

아마 그 습관이 이어져서일까. 엄마 아빠가 건강하시던 젊은 시절부터 우리 삼 남매는 매달 같은 금액을 회비로 모아 부모님과 식사하고 여행을 다녔다. 가족 행사가 있을 때는 공동 경비 통장에서 지출했고, 한 번도 돈 문제로 다툰 적이 없었다.

부모님 두 분의 장례식 후에도 마찬가지였다. 조의금을 각자 리스트로만 정리했을 뿐, 들어온 총액은 셋이 똑같이 나누었다. 부모님이 남기신 집과 예금과 적금도 마찬가지였다. 그 어떤 항목도 예외 없이 셋이 똑같이 나누었다.

주변에서 부모님이 돌아가신 뒤 많지 않은 재산 때문에 형제간의 사이가 틀어졌다는 이야기를 들을 때마다 나는 속으로 생각한다. '아빠의 그 공평함이 우리를 끝까지 지켜줬구나.'

어릴 적 귤 세 개로 시작된 아빠의 공평함은 지금까지 우리 삼 남매의 마음을 지켜주는 가장 단단한 울타리가 되었다.

잊혀 가는 사랑을 품은 당신에게
기억의 끝에서

무뚝뚝한 말 속에도 사랑이 숨어 있었습니다.
이제야 알게 된 그 마음이 나를 더 단단하게 만들어 주고 있습니다.
사랑은 늘 그렇게, 조금 늦게 도착합니다.

5

누런 봉투 속,
당신의 성실함

아빠는 술을 참 좋아하셨다. 몸이 고된 일을 하셔서인지 일을 끝내고 술 한잔으로 하루의 피곤과 스트레스를 푸는 것 같았다.

나는 아빠를 무척 사랑하고 존경했지만, 그 술 때문에 가족들이 힘들었던 날도 많았다.

평소에는 온화하고 다정한 분이었지만 술이 깊어지면 그 온화함이 사라지고 때로는 폭군처럼 변하기도 했다. 술기운에 평소 하지 못했던 말과 행동이 튀어나와 가까운 가족들을 힘들게 만들었다. 그저 기분 좋게 적당히 마시면 좋았을 텐데 아빠는 술을 한 번 입에 대면 끝을 보는 성격이었다. 필름이 끊길 때까지 혹은 집에 어떻게 들어왔는지도 모를 만큼 마시는 날이 있었다. 그런 날이면 우리 가족은 불안 속에 밤을 보냈다.

그 영향인지 오빠는 지금도 특별한 일이 없는 이상 술을 입에 대지 않는다.

그런데 놀랍게도 아빠는 다음 날 아침이면 어김없이 새벽같이 일어나 일터로 나가셨다.

어린 나이의 나는 그게 참 신기하고 대단하게 느껴졌다. 아빠의 성실함과 책임감은 유난히 강했다. 주변 사람들에게 인정받아야 직성이 풀리는 성격이었고 그래서 누구에게나 '좋은 사람'으로 기억되었다. 그 덕분에 우리 삼 남매도 성실함과 책임감을 자연스레 물려받았다.

매달 아빠의 월급날이면 아빠는 늘 두 개의 봉투를 들고 퇴근하셨다. 하나는 누런 종이봉투 속 현금이 든 월급봉투였고, 또 하나는 누런 종이에 싸인 통닭이 들어 있는 검정 비닐봉지였다.

그리고 엄마와 함께 그날의 쓸과남과 생활비를 정리하고 사용할 돈을 남기고, 우리 삼 남매 이름으로 만든 적금 통장과 각종 예·적금 계좌에 돈을 나누어 넣으셨다. 그 모습이야 말로 아빠가 우리에게 해준 가장 현실적인 경제 교육이었다.

그래서인지 나 역시 지금도 남편과 내 월급이 들어오면 가장 먼저 적금을 붓고, 생활비를 정리하며 여러 개의 이름으로 만들어진 통장에 돈을 나눈다. 아빠에게 배운 습관이 내 삶에 그대로 녹아 있는 셈이다. 돌이켜보면, 그 옛날 우리 아빠는 여러 가지 면에서 멋진 사람이었다.

결혼 전, 내가 귀가가 늦어지는 날이면 골목길 입구에서 날 기다리던 아빠의 모습이 아직도 눈에 선하다. 아빠의 장례식날 같은 동네 살았던 초등학교 친구들도 기억하는 우리 아빠의 모습이었다.

아빠는 나에게 비록 완벽하지는 않았지만, 그 결점마저도 아빠라는 사람을 더 깊이 기억하게 만드는 그런 사람이었다.

잊혀 가는 사랑을 품은 당신에게
기억의 끝에서

묵묵히 쌓아 올린 숫자들 속엔 가족을 향한 사랑이 쌓이고 있었습니다.

그 성실함이 당신의 오늘을 이루고 있어요.

그건 세상에서 가장 따뜻한 유산입니다.

여전히 그립지만, 일어서는 중입니다

6

그날, 아빠가
기억을 잃었다

아빠는 나를 살려낸 슈퍼맨이었고, 가족의 온기를 알려준 사람이었다. 공평함과 성실함을 몸소 보여주며 살아온 나의 전부이자 나의 우주 같은 존재였다.

그런 아빠가 치매라는 진단을 받던 날. 그 순간은 지금도 잊히지 않는다. 마치 갑작스럽게 세상이 멈춰 서버린 것 같았다.

병원 진료실 안에서 의사의 입술이 움직이고 있었지만, 그 순간부터는 아무 소리도 제대로 들리지 않았다. 오직 '치매'라는 단어만 공기 중에 남아 내 머리와 가슴을 무겁게 짓눌렀다.

엄마가 암으로 진단을 받고 6개월밖에 살 수 없다는 말을 들었던 날보다, 그리고 엄마를 실제로 떠나보내던 그날보다 더 큰 충격과 공포가 밀려왔다.

엄마의 병과 죽음은 삶의 슬픔이었지만 아빠의 치매는 '내 존재의 근간'을 흔드는 절망 같았다. 숨이 막혔고 심장이 쪼여 드는 듯이 아팠다.

나는 아무도 없는 교회 예배당으로 달려갔다. 문을 열자 싸늘한 공기와 환기가 안 된 무거운 교회의 공기가 나를 감쌌다. 사람이 없는 넓은 공간에 들어서자 그제야 마음이 무너져 내렸다. 나는 1시간이 넘도록 꺼이꺼이 목이 터져라 울었다. 내 울음소리는 텅 빈 예배당 안에 메아리처럼 울려 퍼졌다. 그 소리는 마치 세상이 무너져 내리는 소리와 겹쳐서 들렸다.

아빠 같은 강한 사람이, 아빠 같은 독립적인 사람이, 남에게 폐 끼치는 걸 그렇게 싫어하던 사람이 치매라니. 도저히 믿을 수 없었다. 그도록 꼿꼿하고 자존심 강하던 아빠가 앞으로는 누군가를 의지해야 살아갈 수 있다는 현실이 두려움으로 다가왔다.

　아빠가 너무 가여워서 그리고 그 앞에서 아무것도 할 수 없는 나 자신이 한없이 초라하고 무기력하게 느껴져서 눈물이 끝없이 흘러내렸다. 그날 처음 '창자가 끊어지는 듯한 슬픔'이라는 말이 무슨 뜻인지 알게 되었다.

　내 안의 모든 힘줄이 끊어지는 듯했고 가슴은 깊은 구덩이에 빠져드는 듯했다. 그리고 그 깊은 어둠 속에서 앞으로 다가올 시간을 어떻게 견뎌야 할지 막막함만이 남아 있었다.

잊혀 가는 사랑을 품은 당신에게
기억의 끝에서

기억을 잃어도, 사랑은 잃지 않습니다.
아빠는 여전히 '나의 아빠'였어요.
기억이 사라져도 마음은 남습니다.
그 마음이 지금도 당신 곁에 머물러 있습니다.

1

사라진 아빠를
찾아서

2022년 6월 27일, 월요일. 엄마의 체력이 너무 쇠약해져 있어 항암 치료를 잠시 쉬고 계셨지만, 아무 치료도 하지 않으면 엄마는 불안해하셨다.

그날은 온열치료와 고용량 비타민C 주사를 위해 동네의 작은 병원에 오후 시간에 예약을 잡아드렸다. 나도 수술한 지 겨우 3개월 된 유방암 환자였기에 이날은 내 병원 스케줄 때문에 엄마 혼자 택시를 타고 병원에 다녀오시도록 했다. 엄마가 병원에 가는 날이면 정신이 온전하지 않은 아빠를 혼자 집에 두어야 하는 것이 늘 마음에 걸렸다. 그저 오늘 하루는 조용히 주무시길 바랐지만 그렇게 바라던 일이 무너지는 순간이 찾아왔다.

언젠가 아빠를 병원에서 잃어버린 적이 있던 터라 우리 가족은 모두 휴대폰에 GPS 위치 추적 앱을 설치해 두고 늘 부모님의 위치를 확인하곤 했다. 오전까지만 해도 아빠의 위치는 '집'이었다. 그런데 오후 2시가 넘자, 아빠의 GPS는 집이 아닌 광주의 한 버스 정류장에서 몇 시간째 멈춰 있었다. 치료 중인 엄마에게는 알리지 않은 채 전화를 걸어봤지만, 신호만 가고 받지 않더니 결국 전화기 전원이 꺼졌다. 불안감이 가슴을 조여 왔다.

나는 오빠와 새언니, 동생에게 이 사실을 알리고 경찰 신고를 고민했다. 그러나 먼저 엄마가 집에 돌아가 아빠가 계시는지 확인하는 것이 순서라 생각해 초조하게 그 전화를 기다렸다. 엄마가 집에 도착했을 때, 아빠는 안 계셨다. 집 안은 마치 도둑이 다녀간 듯 난장판이었고 옷장은 활짝 열려 있었으며 신발은 짝이 맞지 않은 채 흩어져 있었다고 했다.
그 순간, 머릿속이 새하얘졌다.

오후 5시가 넘도록 어떤 연락도 없었다. 결국 경찰에 실종 신고를 하고 나는 광주로 아빠를 찾으러 가야겠다고 마음먹었다. 스스로 운전할 자신이 없어 군 복무 중인 조카에게 부탁해 태우러 와 달라고 했다. 퇴근 시간의 막히는 도로 위에서 내 마음은 더 타들어 갔다.

오빠는 경찰과 함께 CCTV를 확인하기 시작했다. 저녁 7시 40분경, 경찰이 보내온 사진 속 아빠는 낮 12시 23분, 큰 배낭을 메고 아파트를 나서고 있었다. 배낭은 잠기지 않았고 손에는 어디서 주웠는지 모를 긴 막대가 들려 있었다.

이후 1시 30분까지 버스 정류장에서 멍하니 앉아 있는 모습이 찍혔다. 아빠는 요금을 내지 않고 버스에 올라탔다. 기사가 내리게 하지 않은 채 그대로 태워 주었다고 했다. 오빠가 버스 회사에서 찾아온 아빠의 가방 안에는 꺼진 휴대폰이 들어 있었다. 그 모습을 상상하니 가슴이 찢어졌다.
'또 머릿속이 하얘졌을까?', '얼마나 무서웠을까?', '배고픈 거 못 참으시는데 배고프면 어쩌지?' 수백 가지 생각이 몰려오고 눈물만 흘렀다.

저녁 8시, 나는 경찰에 안전 재난 문자 발송을 요청했다.

경찰분은 아빠의 지인들까지 문자를 받을 수 있다고 정말 동의하냐고 재차 확인했지만 주저 없이 동의했다.

경기도 광주시에서 배회 중인 서** 씨를 찾습니다. (남, 75세)
작고 왜소한 체형, 남색 점퍼에 배낭을 메고 막대기를 들고 있음.
신고 182. [경기남부경찰청]

문자가 발송되자 목격 전화가 두 통이 왔다고 했다. 그중한 통은 확신에 찬 목소리였다.

아빠를 본 곳은 광주시 삼동역 부근의 한 아파트 앞이었다.

그날 밤 오빠와 나, 조카, 사촌 오빠까지 달려와 아빠를 찾으러 함께 거리를 헤맸다. 아빠가 오래 머물렀다는 버스 정류장 주변을 샅샅이 뒤졌지만, 시계는 이미 자정을 넘어가고 있었다.

그때, 경찰이 연락을 해주었다. 경기도 광주 삼동역 근처의 한 아파트에서 아빠가 자기 집이라 착각하고 문을 두드리다 신고를 받은 것이었다. 아파트 1층에서 기다리던 나의 눈앞에 초췌해진 아빠가 경찰차에서 내려왔다. 나는 아빠를 끌어안고 한참을 울었다.

종일 굶었을 아빠를 씻기고 밥을 차려드린 뒤 주무시게 했다. 그날 밤, '앞으로 아빠를 어떻게 지켜드려야 할까?' 하는 생각이 머릿속을 떠나지 않아 끝내 잠들지 못하는 밤이었다.

잊혀 가는 사랑을 품은 당신에게
기억의 끝에서

그리움은 끝나지 않습니다.
하지만 그리움 속에 아빠는 여전히 살아 있어요.
사랑은 사라지는 게 아니라, 다른 형태로 당신 곁에 머무는 거예요.

돌봄의 시간을
지나며

치매 환자는 단순히 몸만 아픈 것이 아니라, 기억, 감정, 행동의 변화까지 복합적으로 나타나기 때문에 돌봄이 더욱 쉽지 않다. 저자 역시 돌봄 과정에서 마지막 '보호자 자기 돌봄'을 놓쳐 몸과 마음에 병을 얻은 경험이 있다. 부디 '보호자 자기 돌봄'의 시간을 꼭 갖기를 바란다.

치매 돌봄을 위한 작은 점검들

1. 신체 돌봄 : 식사, 약 복용, 위생 관리

치매 환자는 약 복용 시간을 기억하기 어렵다. 보호자도 하루 세 번 약을 챙기다 보면 '줬는지, 안 줬는지' 헷갈릴 때가 많다. 치매안심센터에서 받은 약 캘린더를 활용한 게 작은 도움이 되었다.

하루 복용량을 구분해 두면, 보호자도 환자도 서로 안심할 수 있다.

2. 정서 돌봄 : 대화하기, 손잡아 주기

말보다 따뜻한 손 한 번 잡아 주는 게 더 큰 위로가 될 때가 있다. 같은 이야기를 반복하더라도, 그 말속에는 여전히 그분의 '현재'가 있다. 환자가 잃어버린 기억보다, 지금 함께하는 순간에 집중해 주길 바란다.

3. 행정 관리 : 병원 예약, 진단서 등 서류 챙기기

작은 수첩 하나라도 정리해 두면, 돌봄의 혼란이 한결 줄어든다.

4. 보호자 자기 돌봄 : 짧은 산책, 감정 기록 등

잠깐의 산책, 좋아하는 음악 한 곡, 하루 감정 일기 한 줄이라도 좋다. 스스로를 돌보는 시간을 허락해 주길 바란다.

여전히 그립지만, 일어서는 중입니다

함께하지 못한
마지막
인사

마지막 순간에도 우리는 서로에게 닿을 수 없었다.
사랑은 가까이 있었지만, 손끝은 끝내 닿지 못했다.

|

요양원의 문이
닫히던 날

2022년 7월 26일. 엄마가 담낭암 4기에서 재발과 전이로 말기 판정을 받고 의사에게서 "마음의 준비를 하셔야 합니다."라는 말을 들은 날이었다. 불과 한 달 전, 집을 나섰다가 사라졌던 아빠는 그 사건 이후 고열과 심해진 섬망 증상으로 성남시의료원 신경과에 입원하게 되었다.

척수 검사부터 온갖 검사를 했지만, 이번에도 열의 원인은 밝혀지지 않았다. 전신 통증을 호소하는 아빠에게 항바이러스제와 신경안정제만 계속 투여되었다.

유방암 수술을 받은 지 겨우 넉 달이 지난 내가 이번에도 아빠의 보호자가 되어 아빠의 병실을 지켰다. 그 시절, 나는 하루에도 몇 번씩 '엄마 아빠를 모시고 어디론가 사라져 버리고 싶다.'라는 생각을 자주 했었다.

혼자서 마약성 진통제를 먹으며 죽음을 기다리는 엄마와 끝없이 혼란 속에서 헤매는 아빠, 그리고 회복되지 않은 내 몸. 아빠가 잠든 밤이면 숨죽여 아빠 몰래 눈물을 훔치던 밤이 이어졌다. 보름의 병원 생활 끝에 8월 6일 토요일, 아빠를 퇴원시켰다.

하지만 엄마의 몸 상태가 이제는 언제 떠나도 이상하지 않을 만큼 위중해, 결국 다음 날 아빠를 요양원에 모실 수밖에 없었다. 그날 밤, 아빠에게 맛있는 것을 해드리고 싶었지만 그게 마치 아빠의 '마지막 만찬'이 될까 두려워 평소처럼 식탁을 차렸다. 오빠가 아빠를 욕조에 앉혀 목욕을 시켜드렸다. 아마 오빠도 물소리에 눈물을 섞었을 것이다. 엄마 역시 아빠 손을 꼭 잡고 아무 말씀 없이 오래 울었다. 나는 두 분을 거실 소파에 나란히 앉히고, 혹시 마지막이 될지 모르는 사진을 찍었다.

여전히 그립지만, 일어서는 중입니다

2022년 8월 7일 일요일 아침, 오빠와 함께 아빠를 김포의 '행복한 요양원'에 모시고 가는 길, 내 손은 계속 아빠의 손을 잡고 있었다. 아빠는 조용히 눈을 감고 있었고 나는 몰래 눈물을 훔쳤다.

도착 후 입소 절차를 마치고 주차장으로 나와 아빠가 치매 진단을 받았던 그날처럼 꺼이꺼이 목 놓아 소리 내 울었다.

아빠의 건강이 괜찮은 날에는 아빠와 통화를 할 수 있었지만, 그때마다 아빠는 알 수 없는 이야기만 이어 가셨다. 그리고 엄마가 호스피스병원에서 그랬듯, "데리러 오라."는 말씀뿐이었다. 통화가 어려운 날이면 사회복지사 선생님께 전화를 걸어 아빠의 상태를 물었다.

엄마를 집으로 모셔 와 엄마를 돌보며 우리 가족은 각자의 버팀목을 잃지 않기 위해 하루하루를 버텼다.

입소 3주째인 8월 26일 금요일, 요양원에서 전화가 왔다. 아빠가 코로나 확진을 받았다는 소식이었다. 그 시기에는 코로나로 면회가 전면 금지되어 있어 보고 싶어도 만날 수 없었다. 우리는 그야말로 살아 있는 채로 서로를 잃어버린 시간 속에 놓여 있었다.

2

한날에 찾아온
두 분의 슬픔

　엄마는 힘든 투병 생활을 마치고 2022년 9월 19일. 자신의 칠순 생일날 하늘의 별이 되었다. 70번째 생일상은 차려드리지 못한 채, 엄마는 그날 우리 곁을 떠나셨다. 우리는 엄마의 부재를 실감할 겨를도 없이 장례를 치르며 하루하루를 버텨내고 있었다.

　그 무렵, 아빠는 요양원에 계셨다. 치매가 깊어져 일상생활을 스스로 하기 어려웠던 아빠는 엄마가 돌아가셨다는 사실조차 알지 못한 채 고요하지만, 쓸쓸한 생활을 이어가고 계셨다.

　엄마가 곁에서 사라졌다는 걸 모르신다는 사실이 어쩌면 다행일지 모른다고 나 자신을 스스로 위로하면서도, 동시에 마음 한쪽이 쓰라렸다. 50년 가까이 동고동락하며 살아온 아내가 떠났는데 그 사실을 전하지 못한다는 것이 너무도 잔인하게 느껴졌다.

그러던 중, 요양원에서 전화가 걸려 왔다. 아빠가 코로나에 확진되었다는 소식이었다. 코로나로 면회는 전면 금지되어 있었고 아빠의 건강 상태가 예전보다 불안정하다는 연락이 수시로 이어졌다. 열이 났다가 가라앉기를 반복하고 기운이 없어 식사도 잘 못 하신다는 이야기를 들을 때마다 가슴이 철렁 내려앉았다. 그러나 나는 아빠 곁으로 달려갈 수 없었다. 그저 전화기 너머로 전해지는 소식을 붙잡고 불안과 초조함 속에서 하루하루를 보냈다.

엄마의 장례를 마치고 찾아온 엄마의 삼우제 날, 9월 23일 금요일. 삼 남매가 함께 엄마의 봉안당으로 향하려던 아침, 요양원에서 긴급 전화가 걸려 왔다. "아버님 혈압과 의식이 급격히 떨어져 응급실로 이송 중입니다." 그 순간, 핏기가 확 가시며 손발 끝이 얼어붙는 듯했다. 엄마를 잃은 지 고작 나흘, 이제는 아빠마저 위태롭다는 소식을 들어야 한다니. 세상에 이런 일이 있을 수 있을까.

우리는 엄마의 봉안당으로 가던 차의 방향을 틀어 김포 뉴
고려병원 응급실로 달려갔다.

'엄마의 삼우제를 지내러 가야 하는데, 아빠를 먼저 봐야
할까.' 머릿속은 복잡했지만, 마음은 이미 하나였다. 엄마를
향한 길보다 아빠가 있는 응급실이 더 간절했다.

응급실 침대 위에 누워 계신 아빠의 모습은 충격적이었다.
단 두 달 남짓한 요양원 생활을 하는 동안 아빠는 몰라보게
야위어 있었다. 눈빛은 흐려져 있었고 말도 제대로 잇지 못
했다. 가슴이 갈기갈기 찢어지는 듯한 슬픔이 또다시 밀려왔
다. '이렇게 쇠약해지신걸, 그동안 곁에서 돌보지 못했구나.
엄마 돌아가신 슬픔에 빠져 있는 사이 아빠는 더 멀리 가고
있었구나.'

그 순간 또 하나의 고민이 나를 짓눌렀다. 아빠에게 '엄마
가 돌아가셨다는 사실을 알려야 할까?' 평생의 반려자가 떠
났다는 소식을 듣고 충격을 받으실까 두려웠다. 이미 기력이

바닥난 아빠가 그 소식을 감당할 수 있을까. 수없이 망설이다가 결국 나는 그 말을 전하지 못했다. 차라리 모르는 게 더 평온할지도 모른다는 생각, 그것이 자식 된 마음의 비겁한 변명 같았지만 차마 입이 떨어지지 않았다.

그러던 중, 응급실에서 또 한 번의 위기가 찾아왔다. 갑작스러운 패혈성 쇼크. 이어서 심정지. 모니터에 경고음이 울리고 의료진이 분주히 움직였다. 내 눈앞에서 아빠의 몸이 경련처럼 흔들릴 때 온몸에서 피가 빠져나가는 듯한 절망이 덮쳐왔다. 엄마의 삼우제 날, 아빠는 그렇게 생사의 갈림길에 서 계셨다.

사람들이 '줄초상'이라 부르는 비극적인 상황을 두려움 섞인 말로 전하곤 했는데, 그 일이 우리 가족에게 닥쳐오리라곤 상상조차 못 했다. 이토록 짧은 시간 안에 부모님 두 분을 모두 잃을 수도 있다는 두려움이 나를 무너뜨렸다. 그날 나는 기도하듯 마음속으로 되뇌었다. "엄마, 아빠를 제발 데려가지 말아 주세요. 아직은 아니에요. 저희가 감당할 수 없어요."

이별 앞에 선 당신에게
이별의 문턱에서

슬픔은 때로 너무 잔인하게 다가옵니다.
한쪽을 붙잡기도 전에 다른 쪽이 무너질 때가 있죠.
그럼에도 당신은 그 모든 사랑을 품어냈어요.
그건 아무나 할 수 없는 강함이에요.

3

지켜지지 못한
아빠의 마지막 존엄

아빠가 건강하던 시절, 늘 단호하게 말씀하시던 게 있었다. "나중에 내가 아프게 되면 절대 연명 치료는 하지 말아라. 내가 누워서 아무것도 못 하고 남한테 폐 끼치면서 사는 건 내 인생이 아니야." 그 말은 장난이 아니었다.

어느 날은 환하게 웃으시며 말씀하셨다. "오늘 보건소에 다녀왔다. 드디어 사전연명의료의향서라는 걸 등록했어. 이걸 해두면 나중에 너희가 걱정할 일도 없고, 나도 편하게 갈 수 있지 않겠니?" 아빠는 늘 남에게, 그것이 자식이더라도 '폐 끼치는 일'을 죽도록 싫어하셨다. 그래서 그날은 오히려 자랑스럽고 뿌듯하다는 표정이었다.

마치 자기 인생의 마지막까지도 스스로 책임지고 정리해

두었다는 듯이. 나는 그때는 그저 '아빠답다'라는 생각만 했지 그 서류가 앞으로 얼마나 큰 의미를 갖게 될지, 혹은 아무런 힘도 쓰지 못할지 전혀 알지 못했다.

그리고 2022년 9월 23일. 엄마의 삼우제 날, 아빠에게 갑작스러운 패혈성 쇼크와 심정지가 찾아왔다. 나는 응급실에서 의사에게 아빠가 사전연명의료의향서를 작성해 두신 분이라고 말씀드렸다. 하지만 상황은 너무 급박하게 돌아갔다. 의사의 손길은 잠시도 머뭇거리지 않았다. 그 순간, 아빠의 의향서는 단지 '종이 한 장'일 뿐이었다. 의사의 빠른 판단으로 심폐 소생술이 시작되었고 곧 모니터에 다시 심장이 뛰는 파동이 찍히기 시작했다. 나는 그때, 눈물이 왈칵 쏟아지며 그저 감사하다고, 살려주셔서 고맙다고 말할 수밖에 없었다. 살아나 주신 것만으로도 다행이라 여겼다. 그러나 그때는 몰랐다. 그 선택이 아빠에게 1년 3개월이라는 긴 고통을 남기게 될 줄은.

아빠는 가까스로 죽음의 문턱에서 돌아오셨지만, 그 몸과 정신은 예전의 아빠가 아니었다.

응급실을 거쳐 중환자실로 옮겨진 뒤 아빠는 기계와 주사에 의존한 채 며칠을 홀로 견뎌야 했다. 의식이 온전히 돌아오지 못하는 시간 속에서 가족조차 곁에 있어 드릴 수 없는 그 싸늘한 병실에 홀로 누워 계셨다. 아빠가 그토록 싫어하시던 누군가의 도움 없이는 한순간도 버틸 수 없는 삶이 시작된 것이었다.

그리고 며칠 뒤인 9월 28일. 퇴원은 했지만, 집으로 돌아가는 것이 아니었다. 진단서에는 무겁고 생소한 단어들이 줄줄이 적혀 있었다.

'패혈성 쇼크, 뇌염, 뇌척수염, 요로감염.'

이제 아빠의 거처는 집도, 요양원도 아닌 더 전문적인 돌봄이 필요한 요양병원이었다.

그날 병원 문을 나서면서 나는 깊은 허무감에 휩싸였다. 아빠가 그토록 뜻깊게 준비했던 사전연명의료의향서가 결국 아무런 힘도 발휘하지 못한 채 무의미해져 버린 현실. 살아남으셨지만, 그 삶은 아빠가 원하시던 삶이 아니었다. 그 사실이 내 마음을 무겁게 짓눌렀다.

이별 앞에 선 당신에게
이별의 문턱에서

아빠의 눈빛 속엔 끝까지 사랑이 있었습니다.
현실이 그 존엄을 놓쳤어도, 당신은 끝까지 기억했어요.
그건 사랑의 또 다른 이름이에요.

가족임에도
닿을 수 없었던 순간

　엄마가 돌아가신 사실을 알지 못한 채, 2022년 9월 28일부터 아빠는 또다시 외롭고 긴 요양병원 생활을 시작하셨다.

　엄마의 삼우제 날, 패혈성 쇼크와 심정지를 겪으신 이후 아빠의 몸은 눈에 띄게 쇠약해졌다. 살이 빠져 뼈만 남은 듯 깡마른 모습, 흐릿한 눈빛, 그리고 자꾸만 오락가락하는 의식.
　내 눈앞에 있는 분이 정말 그 강인하시던 아빠가 맞는지 믿기 어려울 때가 많았다.

　요양병원 의사 선생님은 아빠가 이제는 음식을 제대로 씹고 삼키는 힘조차 잃어 정상적인 식사는 불가능하다고 했다. 코에 관을 끼워 영양액을 흘려 넣는 '콧줄 식사'라는 말을 처음 들었을 때, 그것이 그렇게 길고 고단한 시간의 시작이 될 줄은 몰랐다. 그저 며칠 버티기 위한 임시방편인 줄만 알았는데 일단 시작하면 다시 빼기가 어렵다는 사실조차 그때는 알지 못했다. 아빠의 삶은 그렇게 조금씩, 스스로 선택할 수 없는 방향으로 흘러가고 있었다.

게다가 코로나로 면회가 자유롭지 않던 시기였다. 우리 삼 남매는 마음이 타들어 가면서도 한 달에 딱 한 번, 매달 첫째 주 토요일에 예약해야만 아빠를 뵐 수 있었다. 한 달에 단 한 번, 그것도 어떤 날은 유리창을 사이에 두고 겨우 마주하는 시간이 전부였다.

그 짧은 순간이 우리에게는 너무도 소중했지만 동시에 얼마나 잔인한 제약이었는지 모른다. 어떤 날은 아빠가 우리를 알아보시는 듯, 천천히 눈을 깜빡여 주셨다. 내가 아빠 손을 꼭 잡고 눈물을 흘리면, 아빠의 눈빛은 말없이 대답해 주셨다. "울지 마라, 나는 괜찮다."

그 눈빛이 나를 다독이는 듯해서 더 가슴이 아팠다. 그러나 대부분 시간, 아빠는 눈을 감은 채 계셨다. 가끔은 정말로 주무시는 건지 아니면 일부러 우리와 눈을 마주치고 싶지 않은 건지 알 수 없어 마음이 철렁 내려앉기도 했다.

한 달에 한 번, 잠깐의 만남 동안 우리가 해드릴 수 있는
일은 너무도 제한적이었다.

깡마른 손발을 잡고, 딱딱하게 굳어버린 손발톱을 조심스
레 깎아드리고, 굳은 근육을 풀어주듯 팔다리를 주물러 드리
는 것. 따뜻한 수건으로 몸을 닦아 드리고 건조하고 갈라진
피부에 로션을 발라 드리는 일.

그 단순한 돌봄조차 우리에게는 마지막 효도의 기회처럼
간절했다.

엄마가 돌아가신 뒤 1년 3개월 동안, 아빠는 그렇게 산 것
도 죽은 것도 아닌 시간을 병원 침대 위에서 견뎌내셨다. 삶
과 죽음의 경계 어디쯤, 스스로는 아무 선택도 할 수 없는 그
외로운 자리에서 가족이 곁에 있음에도, 결국은 함께할 수
없는 시간이었다. 그리고 그 사실이 남은 우리 가족의 마음
을 매일 같이 갉아먹었다.

이별 앞에 선 당신에게
이별의 문턱에서

유리창 하나가 가족을 갈라놓았던 그날, 내 마음은 이미 병실 안에 있었습니다.
닿지 못해도, 그 마음은 충분히 전해졌을 거예요.

5

나를 가장
사랑한 사람의 이름

어릴 적 나는 유난히 몸이 약했다. 잦은 열 경기와 계절이 바뀔 때마다 감기로 고열에 시달렸고, 배앓이와 구토로 온종일 끙끙 앓았다. 체육 시간엔 친구들과 함께하지 못하고 벤치에 앉아 친구들을 구경하는 날이 잦았다.

그 시절 병원 대기실의 낯선 소독약 냄새, 차갑고 무심해 보이던 흰 가운의 의사보다 내 기억 속에 더 선명하게 남아 있는 건 언제나 아빠였다. 늘 내 곁에서 손을 꼭 잡아 주던 그 따뜻한 손.

나는 기억한다. 내가 열이라도 날라치면 아빠는 누구보다 먼저 알아챘다. "괜찮다."라고 말은 했지만, 불안감을 감추지 못한 눈빛이 나를 감쌌다. 어린 나보다도 아빠가 더 초조해하며 나를 안아 들고 병원으로 달려가던 모습, 그 순간만큼은 내가 세상에서 가장 소중한 존재라는 확신을 느끼게 해주셨다. 아빠의 따뜻한 손길은 어린 나에게 세상 어떤 것보다 든든한 울타리였고, 가장 안전한 안식처였다.

그런 아빠가 병상에 누워 힘없이 숨만 쉬고 있는 모습을 보는 건, 마치 세상이 거꾸로 뒤집히는 일 같았다. 언제나 강하고 든든하던 아빠가 이제는 의식조차 희미한 채 가느다란 숨만 이어가는 모습을 나는 믿을 수 없었다. 이번만큼은 내가 아빠를 지켜드려야 할 차례였지만 막상 내가 할 수 있는 일은 아무것도 없었다. 나는 그저 한 달에 한 번 아빠의 손을 잡고 울기만 했다. 그 무력감이 나를 자꾸만 작아지게 했다.

가끔은 이런 생각도 했다. 어쩌면, 아빠만이 나를 온전히 사랑해 준 사람은 아니었을까.

아빠는 나를 위해 모든 것을 내어주었는데 정작 나는 아빠가 가장 힘들고 외로운 시간을 보낼 때 아무것도 해드리지 못했다. 그 사실이 내 가슴 깊은 곳에 깊은 못 자국처럼 남았다. 아빠가 나를 향해 보여주었던 그 한없는 사랑과 헌신 앞에서 나는 늘 부족한 자식이었다. 돌아보면 아빠는 내가 아플 때 밤새 내 곁을 지켜주었고, 내가 울 때 나보다 더 큰 눈물로 나를 달래주었다. 그런데 아빠가 고통으로 신음하실 때 내가 할 수 있는 건 그저 눈물 흘리는 일뿐이었다. 그 무력함은 시간이 흘러도 쉽게 사라지지 않았다.

그래서일까. 가끔은 나도 모르게 자신을 스스로 책망한다. '아빠는 그렇게 나를 사랑해 주셨는데, 나는 도대체 무엇을 해드렸나.' 그 죄책감이 오래도록 나를 가두었다.

그러나 동시에 그 마음속 깊은 곳에서는 아빠가 남긴 따뜻한 손길의 기억이 여전히 나를 지켜주고 있다. 그 기억이 있기에, 지금의 내가 무너지지 않고 살아갈 수 있는지도 모른다.

여전히 그립지만, 일어서는 중입니다

이별 앞에 선 당신에게
이별의 문턱에서

세상의 모든 사랑이 이유를 가질 때, 아빠의 사랑만은 이유가
없었습니다.
그 단순한 사랑이 가장 순수했습니다.
지금도 그 사랑이 당신을 지켜주고 있어요.

6

당신은 조용히,
너무 멀리 가버리신 그날

그렇게 나를 한없이 사랑해 주셨던 아빠가 2023년 12월 19일, 77세의 나이로 요양병원에서 조용히 혼자 눈을 감으셨다. 엄마처럼 마지막 순간, 잘 있으라는 인사 한마디 없이 아빠는 멀리 떠나 버리셨다. 아빠의 임종 소식을 들었을 때, 나는 한동안 아무 생각도 할 수 없었다. 눈물이 터져 나오기보다 차갑게 얼어붙은 듯 가슴만 먹먹했다. 늘 내가 아빠 곁에 있어야 한다고 마지막은 반드시 함께해야 한다고 생각했는데 정작 아빠의 마지막 자리에 나는 없었다. 그 사실이 내 마음을 끝없이 후벼 팠다.

나는 늘 아빠와 내가 각별한 사이라고 믿고 살았다. 그래서 더더욱 아빠가 그렇게 아무런 말 없이 떠나 버린 일이 오

여전히 그립지만, 일어서는 중입니다

랫동안 나를 괴롭혔다. 아빠는 마지막 순간 분명 나에게 어떤 식으로든 신호를 줄 거라 믿었다. 손을 한번 움찔하신다든지, 눈을 한번 마주쳐 주신다든지, 아니면 꿈에라도 나타나서 따뜻하게 안아주실 거라 생각했다. 그런데 끝내 아무런 신호도 없었다. 그건 내 착각이었음을 너무 늦게 깨달았다. 이상하게도 아빠는 단 한 번도 내 꿈에 나타나지 않았다. 그래서 더 허전하고 더 그립다. 꿈에서조차 만날 수 없는 그 부재가 나를 더욱 외롭게 만들었다.

가끔은 생각한다. 아빠가 나를 그렇게 예뻐했던 이유는 무엇이었을까?

내가 아빠에게 살가운 딸이어서였을까? 아니면 늘 아팠던, 그래서 더 신경을 써야 했던 '아픈 손가락'이었기 때문이었을까? 나는 아직도 그 이유를 모른다. 어쩌면 아빠는 이유 없이 그저 나라는 존재 자체를 사랑하신 건 아닐까. 그러나 그 답을 직접 들을 기회는 영영 사라져 버렸다.

그저 바람이 있다면 언젠가 아빠가 내 꿈에라도 한 번 찾아와 따뜻하게 웃으며 대답해 주셨으면 좋겠다.

이별 앞에 선 당신에게
이별의 문턱에서

함께하지 못한 이별, 그 미안함이 여전히 내 마음을 막고 있습니다.
하지만 아빠는 당신의 성격대로 조용히 떠나셨을 거예요.
그 미안한 마음을 이제는 조금 놓으려고 합니다.

여전히 그립지만, 일어서는 중입니다

아빠, 제 이야기가
들리시나요?

아빠, 몹시 고단했을 아빠의 삶을 잠시 돌아봅니다.

늘 묵묵히, 그러나 누구보다 치열하게 하루하루를 버텨내셨던 아빠. 비바람이 몰아치는 날에도, 땡볕이 내리쬐는 날에도 가족을 위해 걸음을 멈추지 않으셨죠. 아픈 저를 두고 단 한 번도 '힘들다'는 말을 하지 않으셨던 분.

그런 아빠가 세상을 떠난 지금, 저는 아빠에게 하고 싶은 말도 후회되는 일들도 너무 많습니다. 아빠, 편찮으신 아빠를 끝까지 곁에서 돌보지 못하고, 요양원과 요양병원에 보내드린 저를 부디 용서해 주세요.

많이 서운하셨죠? 많이 무서우셨죠? 함께 있어 주지 못하고 끝까지 지켜드리지 못해 죄송합니다. 그때는 차마 말씀드리지 못했지만, 아빠가 아프신 동안 엄마는 이미 죽음을 앞두고 계셨고 저 역시 유방암 수술을 두 번이나 받으며 힘든 시간을 보내고 있었어요.

아빠였으면 당신이 죽더라도 저를 끝까지 지키셨을 텐데 저는 그러지 못한 게 평생 한으로 남습니다. 엄마와 아빠를 보내드리고 아파트를 정리하다 평생 일만 하시느라 해외여행 한번 못 다녀오신 두 분의 여권을 발견했을 때 얼마나 울었는지 모릅니다.

아빠, 나태주 시인의 따님 나민애 교수님이 아버지께 쓴 편지에 이런 글이 있어요.

> 1979년 6월 26일 내 생일날
> 아버지와 내가 만나 지금껏 하고 있는 게 바로 여행이야.
> 그러니까 나는 지금 이 여행으로 충분해
> 아버지와 함께한 이번 여행이 너무 좋았어.

여전히 그립지만, 일어서는 중입니다

아빠, 1978년 12월 23일 태어나 아빠를 만나 2023년 12월 19일까지 아빠와 함께 긴 여행을 했어요. 조금은 고단했고, 아팠지만, 제게 아빠와 함께한 45년간의 여행은 행복한 기억이 더 많아요. 이제는 몸도 마음도 편안한 그곳에서 평안하시기를.

감사합니다. 미안합니다. 그리고 사랑합니다.

'아빠, 제 목소리가 들리시나요?'

이별 앞에 선 당신에게
이별의 문턱에서

조용히 말을 건네봅니다. 아빠는 어딘가에서 미소 짓고 계실 거예요.
들리지 않아도 괜찮습니다.
그리움은 결국, 사랑의 또 다른 언어니까요.

돌봄의 시간을
지나며

사랑하는 가족이 세상을 떠난 그 순간부터 슬픔을 느낄
겨를도 없이 장례는 조용히 시작된다. "어디에 전화해야 하
지?", "무슨 절차부터 밟아야 하지?", "비용은 얼마나 들지?"
등 수많은 질문이 머릿속을 휘감는다. 저자는 오빠와 새언
니가 이 모든 절차를 맡아 주어서 수월하게 넘어갈 수 있었
지만, 대개는 그렇지 않다. 아래 내용을 미리 알아두면 도움
이 될 것이다.

여전히 그립지만, 일어서는 중입니다

이별 후 마음을 붙잡아 주는 메모

1. 사망 진단서 발급

고인이 돌아가셨다는 사실을 공식적으로 증명하는 이 서류 없이는 장례식장 안치, 화장장 예약, 장지 결정 등 어떤 것도 진행할 수 없다. 병원에 근무 중인 담당 의사가 사망 진단서를 즉시 발급한다.

2. 고인 이송

사망 진단서를 발급받았다면, 이제 고인을 장례식장으로 이송해야 한다.

> TIP : 고인을 모시기 전, 영정 사진으로 사용할 수 있는 사진을 준비해 두면 좋다. 최근에는 스마트폰에 저장된 가족사진 중에서 적절한 것을 골라 사용하는 경우도 많다. 고인의 표정이 밝고, 배경이 단순한 사진이 좋다.

3. 빈소 계약

장례식장에 도착하면 고인을 안치 냉장고에 모시고, 곧바로 빈소 계약 절차에 들어간다. 빈소는 보통 평수로 구분되며, 조문객의 수를 예측해 크기를 선택한다.

5장

이 이야기가
어딘가의 당신에게
닿기를

누군가는 지금도 같은 슬픔을 건너고 있을 것이다.
그 마음에 닿을 수 있다면, 내 이야기도 조금은 의미
가 있지 않을까.

1

오늘도 간병 중인
누군가에게

사랑하는 사람을 돌본다는 건 생각보다 훨씬 무겁고 지치는 일이다. 나에게 부모님 간병은 마음속 깊은 곳의 사랑과 인내를 끝없이 꺼내 쓰는 시간이었다. 겪어보지 않은 사람은 그 무게가 얼마나 깊고 날카로운지 쉽게 짐작하기 어렵다.

아픈 건 환자만이 아니다. 곁에서 하루하루를 지켜보는 보호자 역시 몸과 마음이 쉽게 병들어 간다. 어제보다 조금 더 기운이 빠진 모습, 어느 날은 갑자기 무너지는 듯한 환자의 얼굴을 마주할 때 보호자의 마음은 속으로 조용히 무너진다. 그런데도 우리는 아픈 이의 손을 꼭 잡고 웃어 보이며 괜찮다고 다독인다.

나 역시 아침에 눈을 뜨는 순간부터 잠들기 직전까지 하루의 거의 모든 생각과 행동이 아픈 부모님을 향해 있던 적이 있다. 하지만 그 사랑의 무게가 늘 따뜻하게만 다가오지는 않았다. 때로는 그 무게가 어깨를 짓누르고 숨이 막힐 만큼 답답하게 느껴질 때도 많았다.

보호자는 그렇게 눈에 보이지 않는 에너지를 매일 조금씩 소모한다. 몸이 지치는 것을 넘어 마음 깊은 곳까지 서서히 고갈되는 자신을 발견하게 된다.

간병은 누가 시켜서 하는 일이 아니다. 나 또한 '나 아니면 안 된다'라는 마음, 혹은 '당연히 내가 해야 한다'라는 마음에서 시작했다.

돌보느라 자신을 잊은 당신에게
돌봄의 자리에서

매일 반복되는 간병 속에서 한숨과 미소가 교차하고, 가끔은
자신을 스스로 잃어버린 듯한 공허함이 몰려오진 않나요?
그 마음, 저는 조금 압니다. 그래서 이 글을 씁니다.
당신이 혼자가 아니라는 걸, 당신의 고단함을 누군가는 이해
하고 있다는 걸 전하고 싶어서요.
부디 이 글이 당신에게 잠깐의 숨 고르기가 되기를 바랍니다.
당신이 흘린 눈물과 지친 어깨 위에, 작게나마 위로라는 손길
이 닿기를 바랍니다.

2

환자만큼 아픈 사람,
보호자

병든 가족을 돌보는 보호자는 겉으로 보기에 멀쩡해 보일 지 몰라도 마음속은 수없이 무너져 내린다. 환자가 아파하는 모습을 지켜본다는 건 그 어떤 시련보다 무력한 경험이다.

'내가 아무리 애써도 병의 속도를 멈출 수 없다'는 사실이 마음을 갉아먹는다.

내가 대신 아파줄 수도, 고통을 덜어줄 수도 없다는 현실 앞에서 보호자의 마음은 매일 작게 부서진다. 약을 챙기고, 병원에 모시고, 곁에서 손을 잡아 주는 그 순간조차 '정말 이게 도움이 되는 걸까?' 하는 무력감이 마음 한구석을 파고든다.

또 하나의 상처는 보이지 않는 외로움이다. 환자의 곁에 늘 있지만 정작 나의 마음을 돌아봐 주는 사람은 드물다. "너까지 아프면 큰일이야. 몸 잘 챙겨."라는 말이 때론 위로보다 더 큰 외로움으로 다가온다. 그래서 보호자의 눈물은 아픈 이가 잠든 아무도 모르는 새벽에만 조용히 흘러내린다.

이 무력감과 외로움은 때로 자신을 스스로 끝없이 책망하며 죄책감으로 이어진다.

'내가 조금만 더 잘했더라면.', '내가 더 일찍 눈치챘더라면.' 하지만 그건 누구의 잘못도 아니다. 병은 누구에게나 찾아올 수 있고 우리가 할 수 있는 건 그저 최선을 다해 곁에 있어 주는 것뿐이다. 병은 개인의 탓이 아니라는 단순한 진실을 간병을 하다 보면 잊게 된다.

돌보느라 자신을 잊은 당신에게
돌봄의 자리에서

혹시 지금도 병실 의자에 앉아 환자의 잠든 얼굴을 보며 한숨을 삼키고 있나요?
그렇다면 기억해 주세요.
당신이 느끼는 무력감과 지침은 결코 당신의 부족함이 아니라 그만큼 환자를 향한 사랑이 깊어서 생겨나는 자연스러운 감정이라는 것을요.
당신은 환자만큼 아픈 사람입니다.
몸과 마음, 그리고 영혼까지 함께 고통을 겪고 있는 착한 사람입니다.

여전히 그립지만, 일어서는 중입니다

3

작지만 꼭
필요한 쉼표

간병은 '끝이 보이지 않는 긴 마라톤과 같다'는 생각을 했었다.

처음에는 '엄마가 살아만 준다면', '아빠가 더 나빠지지만 않는다면' 힘들어도 버틸 수 있다고 다짐했다. 그러나 시간이 길어질수록 몸도 마음도 서서히 닳아갔다.

그래서 보호자에게 가장 필요한 것은 작은 쉼표다. 나는 안타깝게도 이 쉼표의 필요성을 너무 늦게 깨달았다. 그리고 그 대가로 몸과 마음에 병을 얻기도 했다.

잠시 창문을 열고 하늘을 바라보는 일, 단 5분이라도 눈을 감고 깊게 호흡하는 일, 좋아하는 음악을 한 곡 듣는 일. 이런 사소한 휴식이 별것 아닌 것처럼 보이지만 지친 마음에는 큰 숨통이 되어준다.

하지만 많은 보호자는 이런 휴식을 죄책감과 연결 짓는다. '내가 편히 쉬면 환자가 힘들어하지 않을까?' 그러나 사실 보호자가 무너지면 환자를 돌볼 힘도 함께 무너진다. 잠시의 휴식은 나를 위한 것이자 결국 환자를 위한 것이기도 하다.

간병 중에도 나 자신을 돌보는 순간을 의도적으로 만들어야 한다. 짧은 산책, 따뜻한 차 한 잔, 위로가 되는 짧은 문장의 독서. 이 작은 쉼표들이 모여야 긴 여정을 끝까지 걸어갈 힘이 생긴다.

돌보느라 자신을 잊은 당신에게
돌봄의 자리에서

이제는 잠시 멈춰도 괜찮습니다.
당신의 휴식은 사치가 아니라 이 여정을 버티게 해주는 가장 소중한 자원이니까요.

‖

후회와 죄책감
내려놓기

간병의 여정이 끝나고 나면, 많은 보호자가 가장 먼저 떠올리는 감정은 안도감이 아니라 죄책감이다.

나 역시 엄마가 호스피스병원에 입원하기 전날, 마지막일지 모르는 엄마의 목욕을 시켜드리는데 엄마는 몸이 힘드셨는지 아니면 병원에 가기 싫으셨는지 화를 내셨다.

이미 지쳐 있던 나도 결국 참지 못하고 엄마에게 처음으로 짜증을 내버렸다.

"왜 이렇게 힘들게 해, 나도 힘들어 죽겠는데. 나보고 어쩌라는 거야?"

'왜 잘 참다가 하필이면 엄마랑 헤어지기 전날 밤 그 말을 참지 못했을까.'

'엄마의 힘든 몸 상태를 조금 더 신경 썼더라면.'

'아빠를 단 하루라도 내 손으로 돌봐드렸더라면.'

'아빠가 요양원에 가시기 전날 마지막 식사를 잘 차려드려야 했는데.'

이런 생각들은 엄마와 아빠가 돌아가신 뒤에도 끝없이 내 마음을 괴롭혔다. 하지만 사실 보호자라면 누구나 완벽할 수 없다. 하루하루 쌓이는 피로와 감정 속에서 우리는 인간적으로 반응할 수밖에 없고 때로는 지치고, 화내고, 심지어 환자에게 서운한 마음을 갖기도 한다.

그것은 당신이 부족해서가 아니라 그만큼 최선을 다했기 때문에 찾아오는 자연스러운 감정이다. 간병의 시간 속에서 이미 당신은 할 수 있는 한 많은 것을 했다. 때로는 지쳐 잠시 외면하기도 했지만 결국 곁에 있었고 끝까지 함께했다. 그 사실만으로도 충분하다.

여전히 그립지만, 일어서는 중입니다

죄책감은 '더 잘해야 했는데.'라는 마음에서 비롯되지만, 그 마음을 붙잡을수록 나도 그리고 환자도 자유로워지지 못한다. 이제는 내려놓아도 된다.

돌보느라 자신을 잊은 당신에게
돌봄의 자리에서

지금도 후회와 죄책감에 갇혀 있다면, 이 고백을 자신에게 들려주길 바랍니다.

"나는 부족한 보호자가 아니었다. 있는 힘껏, 있는 마음껏 사랑했다."

죄책감을 내려놓을 때, 그 자리는 후회가 아닌 따뜻한 기억과 사랑으로 채워질 것이니까요.

5

위로의 말보다 큰
함께 있어 주는 시간

아픈 엄마와 아빠를 돌보며 가장 어려웠던 순간 중 하나는 무슨 말을 해야 할지 몰라 입을 다물게 되는 때였다.

의사의 입에서 "남은 시간은 6개월 정도로 예상됩니다."라는 말을 들었을 때, "이번 항암에도 내성이 생기면 몇 개월 내로 마음의 준비를 하셔야 합니다."라는 말을 들었을 때, 엄마에게 무슨 말을 해야 할지 참으로 난감했다. "힘내."라고 할 수도, "괜찮아질 거야."라고 할 수도 없었다. 이런 말들은 너무 가볍게 느껴지고 그렇다고 아무 말도 하지 않으면 내가 무심한 사람처럼 보이거나 아픈 엄마를 서운하게 할까 봐 두려웠다.

하지만 시간이 지날수록 깨달았다. 아픈 이에게 꼭 필요한 건 '완벽한 말'이 아니라 '함께 있어 주는 시간'이라는 것을.

엄마가 투병하시던 어느 날, 도저히 무슨 말을 해야 할지 몰라 그냥 엄마 옆에 앉아 손만 잡았던 어느 날이었다. 그때의 엄마는 고통 속에서도 잠시나마 편안해 보이셨다.

어떤 위로의 말을 하지 못해 부족하다고 느꼈던 내 마음과 달리 곁에 있다는 사실만으로 위로가 되었던 순간이었을지도 모른다.

사실 환자에게는 위로의 기술이나 현란한 언어가 필요하지 않다. 옆에 있어 주는 단순한 행동, 따뜻한 손길, 함께 흘리는 눈물이 훨씬 더 큰 힘이 된다. 말은 순간의 공기처럼 흩어지지만 함께 있어 주는 시간은 몸과 마음에 오래 남는다.

보호자라는 자리는 늘 '무엇을 해줘야 한다'는 부담으로 가득 차 있다. 하지만 어떤 날은 아무것도 하지 않아도 괜찮다. 그저 옆에 머물러 있어 주는 것만으로도 충분하다.

돌보느라 자신을 잊은 당신에게
돌봄의 자리에서

말보다 큰 힘은 함께 있어 주는 시간에서 흘러나옵니다.
당신이 함께 있어 준 시간이야말로 환자에게 가장 깊은 위로
이자 사랑일 것입니다.
말하지 않아도, 내가 함께하고 있다는 사실이 가장 큰 위로가
될 수 있습니다.

이별 후에도
이어지는 사랑

사랑하는 이를 떠나보내고 나면 모든 것이 끊어져 버린 것 같은 허무함이 몰려온다.

매일 듣던 목소리를 들을 수 없고, 다시는 눈을 맞추며 대화할 수 없다는 사실이 가슴을 찢어 놓는다. 나 역시 부모님을 떠나보내고 나서 가장 힘들었던 건 이제 더 이상 함께할 '물리적인 시간'이 없다는 현실이었다.

하지만 시간이 흐르면서 조금씩 깨닫게 되었다. 관계는 육신의 유무로만 끝나지 않는다는 사실을. 사람이 떠난 후에도 그 사람과의 기억과 마음의 연결은 여전히 살아 있다.

엄마가 좋아하던 떡과 빵을 내가 맛있게 먹을 때, 아빠가 늘 물으시던 "밥은 먹었냐?"라는 말을 어느새 내가 내 아이들에게 똑같이 묻고 있을 때, 엄마 아빠가 내 안에서 살아 있음을 느낀다. 삶에 스며든 습관과 말투, 가치관, 그리고 사랑의 방식 속에서 그분들은 계속 나와 함께하고 있었다.

우리는 종종 '죽음은 끝'이라고 생각한다. 물론 나 역시 그랬고 한동안은 삶이 허망하게 느껴졌다. 하지만 날 향한 부모님의 사랑은 끝나지 않았다. 살아 있는 동안 주고받았던 따뜻함과 기억은 내 안에서 여전히 호흡하며 지금의 나를 지탱하는 힘이 되어준다.

가끔 하늘을 보며 속삭인다.
"엄마, 오늘은 몸이 좀 안 좋아."
"아빠, 저 오늘 중요한 일이 있어요."
대답은 들을 수 없지만 이상하게도 그 말이 내 마음을 정리해 주고, 마치 곁에서 응원해 주는 듯한 위로가 느껴진다. 이제는 넓고 푸른 하늘이 내 엄마이고, 아빠이다.

사랑은 모양을 바꾸어 계속된다. 함께 웃고, 손잡던 시간은 비록 멈췄지만 그 사랑은 나의 삶 속에서 새로운 방식으로 이어지고 있다. 떠남은 끝이 아니라 다른 모습으로 이어지는 동행일지도 모른다. 그리고 그 믿음이 이별의 고통을 견디게 해주는 가장 따뜻한 힘이 되어준다.

돌보느라 자신을 잊은 당신에게
돌봄의 자리에서

이별은 끝이 아니라, 사랑이 새로운 모습으로 이어지는 시작입니다.
손을 놓았다고 해서 마음까지 멀어지는 건 아니니까요.
당신이 흘린 눈물, 지켜준 시간, 마지막까지 건넨 사랑은 지금도 그 사람의 일부가 되어 어딘가에서 반짝이고 있을 것입니다.

글로 삶을 다시
꿰매는 중입니다

돌아보면 지난 4~5년이라는 시간은 나에게 '끊어진 실' 같았다.

엄마의 말기 암, 아빠의 급격한 치매, 길고도 고단했던 간병의 날들, 남편과 나의 암 진단과 수술, 그리고 이별의 순간까지. 삶은 한 올 한 올 풀려나가며 나를 허공에 흩어지게 했다.

허망한 마음에 몇 년을 무기력하게 흘려보냈다. 현실을 외면하려는 듯, OTT 드라마 속으로 도망쳤다. 한번 보기 시작하면 끝을 봐야 직성이 풀려 며칠 밤을 새우고, 출근하고, 또 밤을 새우며 좀비처럼 지냈다. 사실 슬픔이 올까 두려워 드라마라는 가상의 공간에 숨었던 것이다.

그 무기력한 시간을 끊어낸 건 '올해는 좀 달라지고 싶다.'라는 새해의 다짐이었다.

2023년 12월 아빠마저 세상을 떠났을 때는 너무 큰 상실감에 2024년 새해 계획조차 세우지 못했는데, 그 사실을 2025년이 밝으며 비로소 깨달았다.

사실 나는 3년 전 유방암 수술 후 블로그를 시작했다가, 6개월 만인 2022년 9월 엄마가 돌아가신 뒤 슬픔에 빠져 오랫동안 닫아 두었다. 그런데 새해의 다짐으로 다시 블로그를 시작하고 글을 쓰기 시작하자 여러 이웃들과 다시 소통하게 되었고 그 안에서 좋은 자극을 받게 되었다. 덕분에 독서를 다시 시작했고, 독서를 하다 보니 자연스럽게 나도 글이 쓰고 싶어졌다.

그러다 결국 블로그 이웃이었던 황상열 작가님의 책 쓰기 수업에 덜컥 신청해 버렸다.

황상열 작가님이 나누어주신 글 중 유난히 내 마음을 사로잡았던 문장이 있다.

글을 쓰는 동안 우리는 생각을 정리하고, 경험을 되짚으며, 감정을 치유합니다.

한 줄을 쓰기 위해 읽고, 조사하고, 성찰하는 그 시간 속에서 이미 작가로서 한발씩 나아가고 있는 것입니다.

글을 쓴다는 건, 마치 떨어져 나간 조각들을 다시 모으는 바느질 같았다. 엉킨 마음을 한 줄 한 줄 풀어내고, 흩어진 기억을 단어로 이어 붙이며 나는 조금씩 다시 '나답게' 서기 시작했다. 글은 내 고통을 지우지는 못했지만, 그 고통을 견딜 수 있는 언어로 바꾸어 주었다.

책을 쓴다는 건, 독자에게 말하는 것 같지만 사실은 '자기 자신과의 대화'입니다.

쓰는 동안 나는 나를 만나고, 나를 치유하며, 결국 한 권의 책이 되어 세상에 나옵니다.

나는 글을 쓰며 이미 떠난 부모님에게도, 그때의 나 자신에게도 조용히 말을 걸 수 있었다. 그리고 그 답은 언제나 내 안에서 되돌아왔다.

여전히 그립지만, 일어서는 중입니다

삶은 여전히 불완전하고 나는 여전히 그립고, 상처투성이다. 그러나 글을 쓰며 알게 되었다. 찢어진 마음에도 바늘과 실이 닿으면 다시 이어질 수 있다는 것을. 그리고 그 바느질은 완벽하지 않아도 괜찮다는 것을.

지금, 이 순간도 나는 글로 삶을 다시 꿰매는 중이다. 삶의 천이 조금 울고 비뚤어져도, 꿰매어 가는 손길 속에서 나는 살아가고 있다. 그리고 그 과정 자체가 이미 하나의 회복임을 믿는다.

돌보느라 자신을 잊은 당신에게
돌봄의 자리에서

글은 상처를 없애지 않지만, 그 위에 천천히 덧대어 다시 살아가게 합니다.
당신의 글, 당신의 이야기도 누군가의 마음을 덮는 따뜻한 천이 되기를 바랍니다.

돌봄의 시간을
지나며

가족 간병을 하다 보면 어느 순간 내 감정은 사라지고, 모든 에너지가 환자에게만 향해 있음을 느끼게 된다. 하지만 보호자도 사람이고 마음이 지치면 결국 돌봄도 흔들리게 되어 있다. 보호자 스스로 보호자의 마음을 잘 살피기를 바란다.

보호자의 마음을 돌보는 글쓰기 노트

1. 오늘 내 마음 상태 (1~10점)
오늘 하루의 감정 온도를 점수로 표현해 보자.
숫자보다 중요한 건, 그 이유를 스스로에게 말해보는 일이다.

> 예시 : "오늘은 4점. 잠을 거의 못 자서 피로가 심하고, 환자 상태에 대한 불안이 커졌디. 그래도 오전에 잠깐 햇살을 보며 마음을 조금은 추슬렀다."

2. 나를 위로하는 한 문장, 기도, 짧은 글귀 등

마음이 흔들릴 때마다 떠올리고 싶은 문장, 한 줄을 적어 보자.
당신을 지탱하는 문장은 늘 가까이에 있다.

> 예시 : "언제나 어두운 밤이 지나면 아침은 온다."

3. 감사한 순간 한 가지 적어 보기

오늘 하루 중 감사하거나 따뜻했던 순간을 떠올려 보자.
작고 사소한 일상일수록 더 오래 마음에 남는다.

> 예시 : "오늘 점심에 간호사 선생님이 내 손에 따뜻한 커피를 쥐
여 주었다. 그 짧은 순간, 마음 한구석이 녹는 느낌이 들었다."

슬픔을 말할 수 있어서
저는 괜찮습니다

살아가면서 누구도 피해 갈 수 없는 것이 있다. 사랑하는 사람의 병마와 언젠가는 맞이해야 하는 이별이 바로 그것이다.

그 시간을 지나온 나는 여전히 부족하고 후회가 되는 것뿐이지만 한 가지는 분명히 알게 되었다. 슬픔은 어떤 방식으로든 밖으로 꺼내놓아야 한다는 것. 그렇지 않으면 마음속에서 곪아 결국 더 크게 터져 버린다는 것.

투병과 간병의 날들은 나를 무너뜨리기도 했다. 그 기억을 글로 꺼내는 일은 처음엔 너무 고통스러웠다. 매일 밤 눈물을 닦으며 마음을 적어 내려가며 깨달았다.

이것은 단순히 아픔을 기록하는 일이 아니라 그 속에 여전히 살아 있는 사랑을 다시 만나는 과정이라는 것을.

말하지 못하면 슬픔은 응어리가 되고, 응어리는 다시 우리를 짓눌러 버린다. 그러나 말할 수 있으면 그 슬픔은 길이 되어 우리를 살아가게 한다.

나는 이제 부모님을 떠올릴 때 눈물만이 아니라 따뜻했던 웃음과 사랑도 함께 떠올릴 수 있게 되었다. 그리움은 여전히 남아 있고 후회의 날들은 계속되지만 나는 안다. 이 불완전함 속에서도 읽고, 쓰고, 나누는 그 시간 속에서 우리는 다시 살아갈 힘을 얻을 수 있다는 것을.

그러니 이제 나는 괜찮다.
슬픔을 말할 수 있어서, 사랑을 기억할 수 있어서.

이 책을 덮는 순간, 독자님의 마음에도 작은 위로의 바느질이 이어지길 바란다.
우리 모두의 상처가 완벽하게 아물지는 않더라도 꿰매어 가는 그 손길 속에서 삶은 여전히 아름답다는 사실을 믿으며.

감사의 글

이 책을 하늘에 계신 부모님께 바칩니다.

책이 세상에 나오기까지 이끌어 주신 황상열 작가님, 미다스북스의 안채원 편집자님, 브런치라는 낯선 온라인 공간에서 얼굴도 이름도 모르는 저를 위해 따뜻한 응원과 기도를 보내주신 @JIPPIL HAN 작가님, 그리고 늘 함께해 주신 블로그 이웃님들과 브런치 구독자분들께 깊이 감사드립니다.

언제나 든든한 힘이 되어주는 가족들과 친구들, 나와 비슷한 시기에 부모님 두 분을 떠나보낸 유경이에게도 이 책이 작은 위로가 되기를 바랍니다.

모든 분들께 진심으로 감사드립니다.

2025년 10월

서은경